Guía de sanación del abuso narcisista

¡Sigue la guía esencial de recuperación de narcisistas, sana y deja atrás una relación emocional abusiva! ¡Recupérate del narcisismo o del trastorno narcisista de la personalidad!

Por Marcos Romero

Tabla de contenidos

Una pseudo-personalidad es un mentiroso profesional
Puede ser difícil lidiar con su mal genio
La pseudo-personalidad siempre será una víctima

Romper la maquinación

Niégate a comprometerte con un individuo que tiene una pseudo-personalidad
Establece si la conversación siempre debe ser dirigida por ellos
Comprende que son tomadores y no dadores la mayor parte del tiempo

Capítulo 4 - Curación del niño interno

¿Cómo sucede?
El niño interior en la edad adulta
¿Cómo se ve una infancia estable?
Cuidar a tu niño interior

Identificando el dolor infantil
Vuelve a criar a su hijo interno
Involucrando a tu niño interior

Capítulo 5: Creando tus pensamientos

Conciencia
Audiencia de la voz interior
5 pasos para recuperar el control de tus pensamientos
1. Estudia cómo prevenir tus pensamientos
2. Reconoce los sentimientos negativos dentro de ti
3. Anota tu película mental
4. Consigue la mentira
5. Encuentra la verdad

Deshazte del pobre autoconcepto de tus pensamientos

Vivir el momento
Crear conciencia
Escribe un diario
No juzgues
Conéctate a ti mismo

Obtén soporte y propósito en otro lugar
Confía en tu intuición

Capítulo 8: Entrar en una nueva relación

Señales que estás listo para una nueva relación

Ya no piensas en ellos
No tienes odio por ellos
Cuando puedes sincerarte libremente
Ya no los acosas
No te sientes mal acerca de tus experiencias pasadas
No tienes miedo de enamorarte de una persona similar de nuevo
Cuídate
Estás listo para correr el riesgo nuevamente
Quieres genuinamente comenzar una nueva relación

Redefiniendo lo que es sexy después de una relación narcisista

No pienses que no eres atractivo; Hazte atractivo en su lugar
No dejes que tu relación pasada afecte tu vida actual
Encuentra tu confianza
Vístete bien y date un capricho
Mantener la postura correcta
Aprende las habilidades de un buen romance
Ámate a ti mismo y a tu vida

Cómo convertirte en tu propia fuente de felicidad

Haz de ti mismo una prioridad
Haz las pequeñas cosas que amas más a menudo
Ponte a prueba haciendo algo nuevo
Dormir lo suficiente
Hacer los entrenamientos

Cómo mantenerte soltero y bendecido

Aprende a hacer las cosas por tu cuenta
Desarrollar otras relaciones

Conocer gente nueva
Consiéntete
Mantener una empresa positiva y solidaria

Conclusión

Introducción

Felicidades por comprar la Guía de sanación del abuso narcisista: ¡Sigue la Guía esencial de recuperación de los narcisistas, sana y avanza de una relación emocional abusiva! ¡Recupérate del narcisismo o del trastorno narcisista de la personalidad! Hoy, podemos interactuar con personas con diferentes personalidades en muchas áreas de la vida, incluido el trabajo, la escuela y las relaciones. Desafortunadamente, algunos de nosotros hemos interactuado con personas generalmente infelices y decepcionadas que carecen de autoestima y carecen de empatía por los demás, los llamados narcisistas. Las víctimas del narcisismo pueden terminar sufriendo ansiedad, estrés y depresión, lo que contribuye a otros problemas de salud. Al descargar este libro, has dado el primer paso para aprender a escapar y recuperarte del abuso narcisista. La información que encontrarás en los siguientes capítulos es muy importante, ya que te guiará a tomar el control de tu vida de inmediato y desarrollar una mente y personalidad más saludables.

Con ese fin, este libro proporciona una visión general en profundidad del trastorno narcisista de la personalidad, proporcionando una comprensión clara de los rasgos de carácter de los narcisistas, historias exitosas de abuso narcisista y el proceso de sanación . También cubre el papel de víctima narcisista, en el que cubrimos las circunstancias que rodean a una víctima narcisista, incluyendo lo que hace que sea difícil para recuperarse de los abusos y los pilares de curación. El libro también ofrece una descripción completa de la pseudo-personalidad y cómo deshacerse de ella. Además, proponemos las estrategias necesarias para tratar con la pseudo-personalidad, incluidos los posibles desafíos y cómo reconocer que tiene una pseudo-personalidad.

Muchos libros sobre este tema están en el mercado, ¡gracias una vez más por considerar este! ¡Por favor disfruta leyendo!

Capítulo 1: Historias de éxito

Para dar amor, todos debemos amarnos a nosotros mismos primero. Esta afirmación parece ser tan cierta que la mayoría de nosotros buscamos examinarla a fondo. En los asuntos del día a día, ya sea por negocios, por amor o en la estructura familiar, actuamos de acuerdo con esta premisa, pero es inestable.

Mientras que algunas personas creen que no se aman a sí mismas en absoluto (grupo ego-distónico), otras sienten que se aman a sí mismas porque son contenidas por quienes son (ego-sintonía). Sin embargo, otras personas restringen su definición de amor con respecto a sus rasgos, patrones de comportamiento e historia personal. Pero aparece un grupo de personas con una constitución mental única: los narcisistas.

Introducción a los personajes narcisistas

Se cree que los narcisistas están enamorados de sí mismos. Sin embargo, éste no es el caso. Un narcisista siempre está enamorado de su REFLEXIÓN en lugar de estar enamorado de SÍ MISMO. Estar enamorado de uno mismo es funcional, saludable y adaptativo, pero tener un amor por la autorreflexión se asocia con dos contratiempos: la persona siempre depende de la disponibilidad de la reflexión para desarrollar el amor propio y la falta de amor propio. "Criterio objetivo y realista" de si la reflexión existe en la realidad.

Un error común es que los narcisistas siempre se aman a sí mismos. Pero en realidad, su amor siempre se dirige a la aprobación de los demás por ellos. Una persona cuyo amor se basa en la impresión no es capaz de amar genuinamente a otras personas, incluso a sí mismo.

Un narcisista tiene un deseo interno de sentirse amado y amar a los demás, lo que significa que si no puede amarse a sí mismo y a los demás, debe estar enamorado de su reflejo en medio del posible contraste con su propia imagen. A diferencia de una persona común, un narcisista invertiría mucha energía y otros recursos para mantener la imagen proyectada, a veces volviéndose vulnerable a amenazas externas.

Pero un rasgo importante que proyecta la imagen de un narcisista es el encanto. Un narcisista siempre asociará el amor con otras emociones como respeto, atención, asombro y admiración. Por lo tanto, para un narcisista, una imagen proyectada generalmente es adorable y puede ser amada, por lo tanto, equiparándolo al amor propio. Este personaje agota a los narcisistas de su energía mental, por lo que no le queda nada para dedicar a otras personas.

Historias de éxito del abuso narcisista

Desarrollé un interés en comprender el narcisismo en el año 2014 cuando tuve la oportunidad de visitar un programa de recuperación de abuso narcisista de 3 días que se llevó a cabo en Brooklyn. Durante el evento, conocí a varios sobrevivientes de abuso narcisista, así como a aquellos que todavía están atrapados con narcisistas. Pero la historia más intrigante y fue que involucra a tres sujetos, Lilie que se había separado de su marido narcisista, Joe, y Kelly que escaparon de miembros de la familia narcisista . En esta sección, voy a compartir su experiencia con narcisistas y cómo se recuperaron del abuso.

Estudio de caso n. ° 1: La experiencia de Lilie con un esposo narcisista

Cuando Lilie se paró ante la congregación, comenzó a sollozar incluso antes de pronunciar una palabra. Parece haber dejado atrás el asunto, pero aun así, la herida parecía fresca. Acababa de abandonar su matrimonio de 12 años y había llevado a sus dos hijos a vivir con su madre. Ella narró cómo había estado tan ciegadurante más de 10 años como para no reconocer que se iba con un narcisista. Cuando comenzó a hablar, sentí una conexión personal con su dolor, narrando vívidamente cómo conoció a su esposo en los días de la universidad,

"Recuerdo vívidamente cómo nos conocimos en la universidad, a principios del verano. Me acababa de unir al campus y la persona que estaba lista para darme orientación era Josh, que ya iba en segundo año. Ese día me mostró en todas partes, incluidas las clases, los laboratorios, las áreas botánicas y, finalmente, a su habitación donde me recibió alegremente. Al final del día, sabía que había hecho un amigo, y como la historia lo diría, pronto comenzamos a salir".

Lilie explicó que siempre estaban juntos, y Josh la llevaría a todas partes mientras él estuviera libre. Después de 3 años de noviazgo, Josh la llevó a conocer a sus padres en las vacaciones de verano, quienes me parecieron ser muy agradables. Sin embargo, durante su estadía allí, recordó haber observado que su novio tenía el control con los padres, algo que nunca había sentido (o demasiado ignorante para darse cuenta). Él dictaría qué se cocinará, cómo se lo trataría y la ayuda que le brindaría a su familia. Cuando le preguntaba sobre la actitud negativa, él siempre le decía: "no sabes qué tan malas son estas personas, solo cállate".

Después de graduarse, decidieron casarse. Aunque la boda fue fabulosa, Lilie recordó que Josh cambió de inmediato cuando se casaron. Ya no la dejaría salir a encontrarse con sus amigos, diciéndole que necesitaba más tiempo para concentrarse en su casa recién construida. La acompañaría a la tienda de comestibles y a cualquier otro lugar al que ella quisiera ir durante los fines de semana, y de lunes a viernes, con frecuencia aparecía para verla sin previo aviso.

"Al principio, pensé que Josh solo quería pasar tiempo conmigo, pero luego me di cuenta de que solo era un narcisista. Cuando me encontraba hablando con mis colegas varones, intencionalmente iniciaba una acalorada discusión sobre no estar dedicada a nuestro matrimonio y coquetear con los hombres. Incluso me decía cosas como puta o ramera y luego se disculpaba".

Lilie comenzó a culparse a sí misma, sintiendo que nunca había amado lo suficiente a Joe. Ella, por lo tanto, recurrió a no tener ninguna conversación o compromiso social con sus colegas varones, excepto con sus jefes. Más tarde abandonaría a todas sus amigas y hermanas, ya que creía que eran solo una pérdida de tiempo y que no agregaban ningún valor al matrimonio. Pero las cosas empeoraron aún más cuando tuvo su primer hijo"

"Cuando tuve mi primer bebé, había ganado mucho peso. Joe lo consideró un punto débil y se burlaría de mí. Nunca estuvo allí para ninguno de nosotros, y me quedé luchando sola. Era distante emocional y sexualmente, y una vez me dijo que perdió interés en mí porque estaba gorda".

Lilie también contó cómo se hundió en la depresión y recordó que se enfermó a menudo debido al estrés. Joe le diría que prefería a otras mujeres porque ya no era lo suficientemente buena, pero soportó todos los traumatizantes abusos, solo para mantener su matrimonio. Pronto tendría su segundo bebé después de 3 años, y el estado de su matrimonio empeoró aún más.

"Después de nuestro segundo bebé, Joe quería que dejara mi carrera para poder cuidar a los niños. Él creía que tenía suficiente dinero para cuidarnos, así que no tenía una razón para trabajar. Pero todavía no me perdí hasta ese punto. Amo mi trabajo de arte, y no lo habría sacrificado en absoluto. Cuando me negué, mi esposo se volvió violento; se asociaba el que yo fuera a trabajar para con una oportunidad de conocer a los hombres. Lloraría toda la noche porque él podría abusar de mí ante los niños. Pero la niñera de mis hijos me abrió los ojos.

Según Lilie, se enteró de que su niñera había experimentado una vida matrimonial parecida antes de decidir divorciarse. Desafortunadamente para ella (niñera), ella nunca tuvo una buena carrera para seguir adelante. Fue maltratada durante mucho tiempo, pero cuando las palizas fueron demasiado, decidió ir a buscar trabajos ocasionales. Cuando Lilie escuchó su historia, se convirtió en una revelación para ella. Se dio cuenta de que realmente estaba viviendo con un narcisista que tenía problemas psicológicos.

Ella, por lo tanto, decidió grabar a su esposo durante una discusión una noche. Luego llevó la grabación abusiva a la corte, donde presentó una demanda de divorcio y custodia de los niños. Finalmente, obtuvo su libertad y juró no volver a tener una experiencia tan fea.

Estudio de caso # 2: Kelly se separa de su familia narcisista

"El momento en que supe que tenía que separarme de mi familia tóxica fue cuando murió mi padre", Kelly narró con tristeza su experiencia de que muchas personas en el grupo derramaron lágrimas. Ella recuerda cómo había estado tan cerca de su padre. Siendo primogénita en la familia, sus padres tenían grandes expectativas de ella y querían que ella obtuviera una mejor educación para que luego pudiera cuidar a sus otros tres hermanos.

Pero su sueño se detuvo cuando su padre fue diagnosticado con cáncer en 2014. Había sido el sostén de su familia puesto que era un banquero dedicado y un empresario a tiempo parcial. Cuando se enfermó, la madre de Kelly se hizo cargo del negocio, que manejaba con sus otras hermanas, que tenían 23 y 25 años respectivamente. Debido a las tensiones financieras, que iban desde la cuenta de hospitales, gastos de la casa, a los costos de la educación de sus hermanos menores, Kelly se vio obligada a abandonar sus estudios de postgrado de enfermería y buscó un internado en un hospital local. Hizo esfuerzos para contribuir al presupuesto familiar tanto como pudo, pero su madre no pudo apreciar ninguno de sus esfuerzos.

"Trabajé tanto de día como de noche porque quería que mi padre recibiera la mejor atención. Como su antiguo empleador no lo cubría por enfermedades crónicas, tuvo que renunciar y usar lo que generamos para sus facturas del hospital. Pero mi madre nunca estuvo allí para él en absoluto. Sentí que el negocio iba bien y que ella podía apoyar el tratamiento de mi padre sin esfuerzo".

Kelly describe cómo su madre dejó de tomar el cuidado del padre, diciéndole constantemente que ella y sus hijos necesitaba el dinero más porque les quedaban más días por vivir. El momento más doloroso que Kelly recuerda es cómo su madre abusó constantemente del padre por elegir un estilo de vida pobre,

"Ella culpó al mal hábito de mi padre y al consumo excesivo de alcohol de ser la causa de su cáncer. Ella incluso le dijo que era mejor que estuviera muerto que continuara drenando el menor dinero disponible ".

Aunque Kelly se aseguró de que cuidar a su padre, ella se deprimió debido al maltrato que vio de los otros miembros de la familia. Sus otros hermanos nunca se molestaron en ofrecer apoyo emocional al padre y nunca lo acompañaron al hospital. Siempre culparon a mi padre por estar enfermo y me culparon por descuidarlos al centrar toda mi atención en mi padre.

Debido a la tortura que recibió su padre, terminó su vida con una sobredosis de los medicamentos recetados para el cáncer,

"Recuerdo esa noche vívidamente. Había llevado a mi papá a casa antes de volver a trabajar por la tarde. Y cuando volví a casa, encontré la casa muy tranquila. Cuando fui a su habitación, él yacía allí impotente, con botellas de drogas esparcidas por el suelo. Pero no le quedaba pulso.

Kelly cree que los miembros de su familia no solo eran sádicos sino también narcisistas debido a su egocentrismo. Cuando el padre estaba vivo, cuidaba a su madre y a todos los hermanos. Sin embargo, cuando se enfermó, todos se volvieron contra él y lo culparon por sus enfermedades crónicas en lugar de ofrecerle apoyo.

Una vez que enterraron a su padre, decidió separarse de la familia para comenzar la vida en una ciudad diferente. Deseaba que las cosas fueran diferentes, pero no ha podido perdonarlas.

Capítulo 2: Modo Víctima

Vivir una vida de manipulación, violación y que te mientan puede tener graves consecuencias para ti como víctima. Curarse del daño que le dejó el narcisista puede ser difícil, principalmente si se culpa a sí mismo. Puedes preguntar cómo podría haber dejado entrar ese tipo de persona en tu vida. Alguien que te causó tanto dolor. Sin embargo, puedes romper las cadenas de manipulación y liberarte de ellas (si aún lo eres) y curarte del daño que te han causado.

Lo que hace que sea difícil de curar de un Abuso narcisista

La disparidad de la verdad: ¿por qué es difícil recuperarse del daño que ha causado el narcisista? ¿Por qué es tan difícil superarlo? Es la necesidad natural de los humanos tener una conexión con los demás. Ser atendido y también dar amor. Cuando otros te lastiman, el dolor no importará porque tienes a alguien que realmente se preocupa por ti. Pero, ¿qué sucede cuando el dolor es viene de quien te importa? Por lo general, puedes alejarte del dolor y de la persona, sin importar cuánto te importen. Pero con un narcisista, las cosas son diferentes.

Un narcisista inicialmente te colmará de amor y atención apasionados; Esto se llama bombardeo de amor. Te estudió a ti y a todos tus puntos detonantes. Lo que más te gustó y sobre lo que te sentiste inseguro. Luego lo usará para su ventaja; halagarte y tranquilizarte. Te sentirás bien al principio hasta que no lo hagas. Los Narcisistas usan el bombardeo de amor como una herramienta para desarrollarse como el amante o amigo perfecto. Tienen la intención de conquistarte para controlarte.

Lo que sucede con una relación narcisista es que te será difícil comprender lo que te está sucediendo. Te volverás adicto a su "amor", y te encontrarás siempre buscando su atención-deseo para su aprobación. Una vez que estés bajo su control, notarás comentarios hirientes aquí y allá. Lo ignorarás, pensando que es un error. Con el tiempo, verás que el comportamiento parece desagradable, por lo que te culparás a ti mismo.

La claridad en retrospectiva

Puedes ver los signos; cómo te trata, cómo te manipula. Sabes que mereces algo mejor. Pero cuando se trata de dejar ir, crees que no sobrevivirás sin ellos. Tus amigos y familiares incluso se preguntarán por qué estás con esa persona. Sin embargo, es posible que le resulte difícil responder porque no tienes una respuesta válida.

Según los psicólogos, la mayoría de las víctimas de narcisistas ni siquiera saben que están en una relación abusiva. Esto explica por qué la mayoría de ellos se quedan. Las personas asocian el abuso al físico. Debe comprender que la manipulación, el gaslighting (juegos mentales) y todas las formas de abuso psicológico y emocional son parte de la violencia.

Según el Dr. Craig Malkin, autor de Rethinking Narcissism (repensando el narcisismo), el narcisista encontrará un camino de regreso a tu vida a pesar de que no lo quieras. Un narcisista está en una batalla consigo mismo sobre si alejarte o tenerte en sus vidas. Por esta razón, cuando rompes la relación, encontrarán un camino de regreso para hacerte cambiar de idea. No se van sin luchar.

Sigues dejándolos regresar porque tu mente y tu corazón no están en la misma página. Tu corazón dice que te importa esta persona, mientras que tu mente dice que son tóxicos, y debes dejarlos ir. Esta falta de acuerdo puede durar meses o incluso años sin resolverse.

Impotencia aprendida

Imagina esta situación. Estás en medio del océano a miles de kilómetros de la civilización cuando ocurre una tragedia. Tu embarcación experimenta problemas de motor que no puedes solucionar. No llevabas un teléfono o algo con lo que pudieras pedir ayuda. Entonces, ¿Qué haces? Nada. Tal vez sentarte y esperar un milagro.

Estar en una relación narcisista es similar a estar en un bote dañado en medio del océano. Te sientes impotente porque no tienes el control.

La impotencia no ocurre abruptamente en una relación tóxica. Te someterá a situaciones abusivas. Los insultos regulares, las manipulaciones y los juegos mentales eventualmente te harán sentir que no tienes control sobre lo que está sucediendo en tu vida. Con el tiempo, te sentirás inmovilizado. Te sentirás incapaz de atender tus propias necesidades, incluso las que parecen simples. Un narcisista abusará de ti hasta que la impotencia se internalice.

La sanación será difícil cuando te sientas impotente. Sentirás que no mereces ser feliz o estar libre de abuso.

La impotencia aprendida también te hará indefenso. No podrás hablar o buscar ayuda de aquellos que pueden ofrecer asistencia. Tampoco podrás confiar en las personas debido al dolor y al daño que experimentaste.

En la mayoría de los casos, una víctima de una relación abusiva terminará en otra relación tóxica si no se sana. Te sentirás atraído por personas que tienen rasgos similares a los de tu ex porque sientes que no mereces algo mejor.

El camino solitario

Una víctima de una relación narcisista tendrá dificultades para sanar debido al viaje solitario. La soledad comenzará bastante temprano en la relación. Tu amante te aislará de tus amigos y familiares y te hará creer que estás solo.

El amor y la atención pueden haberte llevado a los brazos de una pareja abusiva, pero la falta de control podría ser el pegamento que te mantuvo allí.

Una pareja narcisista que te hizo creer que no podrías sobrevivir sin ellos implantará un control total sobre tu vida que te hará sentir impotente sin ellos. Sus esfuerzos irían a hacerte creer que la vida ahí fuera es difícil. Por supuesto, esto no es cierto a menos que no consigas un sistema de apoyo.

Si tus esfuerzos por buscar ayuda no tienen respuesta, te acostumbrarás a vivir solo. Lentamente te darás cuenta de que las cosas siempre serán difíciles para ti. Que no importa lo que hagas, estás solo.

Cuando tu familia intenta ayudar pero no puede entender tu situación, solo te frustrará y te llevará a alejarte. Te encontrarás tolerando el dolor durante demasiado tiempo. Las víctimas de los narcisistas terminan en un solitario viaje de dolor y vergüenza por lo que han experimentado.

Miedo a lo desconocido

Aunque lo más lógico sería alejarse de una relación tóxica, el miedo a lo desconocido te detendrá. Independientemente de lo infeliz que seas, tu desconfianza del mundo hará que te quedes en la relación.

El miedo a lo desconocido te impedirá curarte del daño causado por tu amante narcisista. Al igual que la soledad, tu pareja te hará creer que la vida sin ellos es difícil. Estarás condicionado a pensar que no hay nada mejor para ti allá afuera.

El miedo a lo desconocido también hará que no imagines un futuro mejor para ti. Cuando otras personas visualizan la serenidad y la existencia pacífica para sí mismas, en su caso, los pensamientos serán tan extraños. A través del comportamiento de tu pareja, estarás convencido de que no hay nada mejor para ti. Que el futuro está en blanco y cada paso que das hacia él está condenado.

Atrapado en el miedo, descartarás cualquier esperanza de sistemas de apoyo disponibles por ahí. Ni siquiera considerarás si otras personas están experimentando lo mismo. Al caminar, es posible que veas personas felices en las calles, pero no se te pasará por la cabeza pensar que también podrías ser feliz.

Una víctima de una relación narcisista se acostumbrará al abuso hasta que crea que así es el mundo. Se dirá a sí mismo que es mejor quedarse en un lugar donde esté familiarizado, a diferencia de lo desconocido. Si tuvo una relación tóxica previa, renunciaría a la idea de irse. Según tú, el mundo es igual.

El miedo a lo desconocido te impedirá formar relaciones saludables y terminar viviendo de forma aislada.

Estableciendo los hechos

Quizás te preguntes por qué una persona elegiría quedarse en un lugar que no sea propicio para ellos. O por qué alguien querría aferrarse al dolor. Lo que ocurre es que cuando estás expuesto al abuso durante un tiempo prolongado, salir se vuelve difícil.

Las víctimas pueden aferrarse al dolor o permanecer en una relación tóxica debido a una variedad de razones: miedo a irse, por el bien de los niños y la idea de que la pareja cambiará. Pero la verdad es que retener el dolor por cualquier razón no te hace justicia.

El narcisista en tu vida planeó todo desde el principio. Después de estudiar y conocer todos tus puntos débiles, elaboró un plan para conquistarte. Terminaste enganchado a su "amor". Necesitaba que fueras lo que eres. Eras su público objetivo.

Un narcisista necesita una audiencia. Por lo tanto, cultivarán relaciones rápidamente con cualquiera que pague por escuchar. A medida que su fachada comienza a caerse, y su realidad comienza a asentarse, tratarán de ocultar sus deficiencias. Temen que las personas vean sus defectos a la persona que son.

El narcisista tiene un sentido inflado de sí mismo. Todo lo que hacen giran en torno a ellos. Harán todo a expensas de los demás. Según Jacklyn Krol, psicoterapeuta y trabajadora social clínica con licencia, los narcisistas hablan de sus logros y éxitos con grandiosidad. También exagerarán lo que han logrado para impresionar a su público.

Como víctima, cuando finalmente elijas ver a través de su fachada, te darás cuenta de lo superficiales que son. Notarás cómo todas las conversaciones que mantuviste se centraron en ellos y en sus vidas.

Él/ella notó cuán empático eras y te eligió como su objetivo. La mayoría de las personas con trastorno de personalidad narcisista tienen baja autoestima, según Shirin Peykar, un terapeuta licenciado en matrimonio y familia.

No esperes que cambien

La verdad es que las personas no se rompen fácilmente; solo cambian cuando quieren. Él nunca va a ser la persona que deseas que sea. Muchas veces, puedes encontrarte recordando los momentos pasados, donde fue dulce y amoroso. Sin embargo, debes recordar que todo fue un juego. Un plan para conquistarte.

Un narcisista solo piensa en sí mismo. Cualquier cosa que haga se centra en sus necesidades. Puedes aferrarte a la esperanza, pensando que él cambiará. Quizás se pregunte por qué cambió para peor y no para mejor. Pero algo que debes recordar es que, aunque el cambio es posible, alguien debe desearlo.

Comprende que mereces la felicidad y que esperes que cambien no te ayudará de ninguna manera.

La mayoría de las veces, el narcisista promete cambiar. Esto te dará esperanza por un tiempo hasta que no sea así. Sin ningún esfuerzo por cambiar o buscar ayuda, sus promesas de cambio serán una forma de buscar control sobre ti.

Si elige cambiar, tendrá que pasar por este proceso:

- Debería entender que sus acciones te están causando daño
- También debería despreciar tanto el comportamiento como para querer dejarlo ir
- Al tomar una decisión negativa sin saberlo, debe retractarse de inmediato y tomar una mejor.
- También debe saber que tiene una opción en cada situación, incluida la forma en que elige tratar a los que lo rodean.

Nunca fuiste el problema: en una relación narcisista, las víctimas se culparán a sí mismas por el comportamiento de su pareja, según Jacklyn. Te dirás a ti mismo: "fue bueno cuando nos conocimos y durante nuestras primeras citas. Entonces, debo haber hecho algo que lo hizo cambiar". Pero esto no está bien.

Las personas con un trastorno narcisista de la personalidad no se preocupan por los sentimientos de otras personas de ninguna manera. Así que deja de culparte por su comportamiento. Nunca fuiste un problema.

Los narcisistas exhiben una imagen grandiosa de sí mismos. Piensan que solo ellos importan y que solo deberían asociarse con personas de una clase superior a ellas. Los narcisistas buscan la admiración de quienes los rodean, por lo que exagerará sus logros y logros.

El trastorno de personalidad narcisista puede ser innato o adquirido. Por lo general, esto sucede durante la infancia. Si sus padres o tutores fueron críticamente duros con él, esa podría ser la causa. Según Heinz Kohut, un psicoanalista en un estudio sobre sus clientes, observó lo siguiente: los narcisistas pasaron por una vida de alienación, impotencia y vacío. Carecían de las estructuras para formar relaciones estables y significativas y una autopercepción positiva.

Cuando tienen una imagen negativa de sí mismos, la vergüenza se establece y se la quitan a los demás. Degradan a los demás a sentirse bien consigo mismos. Proyectan sus inseguridades a través de la manipulación de otros, especialmente aquellos cercanos a ellos. Para las víctimas que no se dan cuenta de esto, terminan culpándose a sí mismas.

No debes sentir lástima por él / ella: para una persona empática, es razonable sentir lástima por las personas que lo rodean, incluido su amante / amigo narcisista. Sin embargo, debes recordar que las personas con un trastorno narcisista de la personalidad sufrieron una lesión emocional desde una edad temprana. Por esta razón, son incapaces de sentir lástima por nadie más que por ellos mismos. Puede que no creas que la persona que te mostró amabilidad y simpatía resultaría ser un narcisista.

Muchas veces, las víctimas de un narcisista tratarán de disculparse por sus malas acciones. Por lo general, esto sucede cuando notan tus intentos de abandonarlos. Ellos te suplicarán que no los dejes.

Un narcisista utilizará la manipulación para llegar a la audiencia objetivo y evitar cualquier responsabilidad. Una vez que comprendas cómo funciona una mente narcisista, no sentirás pena por sus acciones.

El narcisista sabe lo que está haciendo: la realidad es que cada persona tiene un poco de narcisismo en ellos. Pero el narcisista, obtienen una puntuación más alta que el resto de nosotros. Su movimiento es cuidadosamente planeado y ejecutado.

Cada persona comete un error, y lo que diferencia a un narcisista del resto es la falta de voluntad para hacerse cargo de sus elecciones. Por lo general, cuando una persona comete un error, se responsabiliza y se disculpa humildemente por ello. Sin embargo, el narcisista ni siquiera pide perdón cuando se equivocan. Él elegirá ofrecer una disculpa falsa para ponerse de buenas contigo.

Pero la verdadera pregunta es, ¿cambia él después de la disculpa? La verdad es que cuando un narcisista se disculpa, lo hace por sí mismo y no porque le importen tus sentimientos.

Según la autora de la curación del abuso oculto, Shannon Thomas, los abusadores emocionales y psicológicos, saben lo que está haciendo. Conocen los botones correctos para presionar. Saben cuándo apagar sus tendencias manipuladoras. Saben qué hacer para obtener una respuesta de sus víctimas. Esto muestra que son seres inteligentes, personas que saben lo que están haciendo.

La piedra angular de la sanación

Comprende que es posible sanar. La mayoría de las víctimas de una relación narcisista tienen dificultades para recuperarse debido al daño a su autoestima. Como se mencionó anteriormente, la curación es posible. Esto es lo que debe hacer primero:

Pregunta por qué

Si te preguntas por qué te sucedió esto, se abrirán muchas puertas a cosas que nunca has conocido. Por ejemplo, por qué eras su objetivo. Cuando hagas estas preguntas, obtendrás muchas ideas que ayudarán a prevenir una situación similar en el futuro. Del mismo modo, esto creará una oportunidad para que usted elija sanar.

Cuando comprendas por qué fuiste el objetivo, encontrarás formas de fortalecer sus debilidades. Esto significa que, en el futuro, puedes ver a través de la falsedad de una persona.

Sé específico

Cuando reflexionas por qué fuiste la víctima; Es aconsejable ser exacto sobre lo que exactamente te convirtió en el objetivo. ¿Eres empático? ¿Estabas desesperado por amor y atención? Los narcisistas estudian a sus víctimas antes de hacer un movimiento. Por lo tanto, es mejor saber qué es exactamente lo que lo provocó.

Sé amable contigo mismo

Es importante no culparte por las acciones de los abusadores. Cuando comprendas que algunas cosas están fuera de tu control, te resultará más fácil curarte y soltar.

Las acciones narcisistas se basan únicamente en sus deseos, aunque él elija como a su víctima, entiende que no tiene nada que ver contigo.

Sé inteligente

Cuando ocurra la curación, tendrás más cuidado con el tipo de personas que dejas cerca de ti. Ya no caerás fácilmente en los bombardeos amorosos de un interés amoroso. Puedes optar por alejarte cuando la relación muestra signos de manipulación. Significa que puede decirle a una persona que retroceda cuando notas que todo se trata de ellos.

Ser inteligente en las decisiones que tomes te ayudará de gran manera. Además de la curación, podrás comprender mucho sobre diferentes personalidades humanas. Es esencial lidiar con las heridas del pasado y perdonarse a sí mismo para poder avanzar.

Mantente en la cima

Ningún hombre es una isla. Sal y conoce gente nueva. Puedes buscar la ayuda de grupos de apoyo, que te ayudarán en el viaje de recuperación. Al igual que cualquier otro problema, el tuyo tiene una solución, y la curación es parte de ella.

También puedes optar por ser un modelo a seguir para otros que están pasando por una situación similar. Esto generalmente ocurre cuando confías en que has lidiado con todas las cosas hirientes.

También notarás que al ayudar a otros, podrás sanar todas las heridas. Esto se debe a que, en un grupo de apoyo, las personas te admirarán y te respetarán, lo que no obtuviste en la relación con el narcisista. Verás que es posible ser amado y respetado.

Como se muestra en este capítulo, hay muchas cosas que pueden dificultar que las víctimas traten con el narcisista en sus vidas. Sin embargo, también es posible que se recuperen del abuso.

Capítulo 3: Deshacerse de la pseudo-personalidad

Como se discutió anteriormente, el término pseudo-personalidad se refiere a falsedad o pretensión. Por lo tanto, la psicología de la pseudo-personalidad está muy ligada a la práctica de la falsedad. También es mejor pensarlo como uno que domina una personalidad pre-culto. Como tal, no debe confundirse con diferentes personalidades múltiples. Y, hasta cierto punto, se conoce como un clon del líder de las mismas ideas, creencias, así como valores e incluso comportamientos. Esto significa que un pseudo también es un individuo que finge muchas cosas. Por ejemplo, podría ser un intelectual que intenta convencer a alguien más de que tiene una mente bien educada. En este caso, pueden no poseer tal grandeza. Una pseudo-celebridad puede ser un infame individuo que piensa que es sobresaliente por hacer algo. En el sentido real, pueden no ser tan famosos. Pero, habiendo entendido los rasgos de una pseudo personalidad, ¿cómo puede un individuo deshacerse de ella? ¿Cómo puedes saber que tienes una pseudo personalidad?

Cómo a reconocer tu Pseudo-personalidad

En este capítulo, investigamos las posibles explicaciones para el extenso desarrollo de la pseudo personalidad, que también se conoce como culto. También profundizamos en cómo se forma. Investigamos la duplicación de la pseudo personalidad, su adaptación y disociación. Argumentamos que este es uno de los conceptos más propuestos de introyecciones. Brevemente, discutimos varios problemas de recuperación con respecto a la visión propuesta de la personalidad centrada en el culto. Con ese fin, también abordamos lo que se necesita para reconocer su pseudo personalidad. Cuando una persona nace en una familia que es de alto control por naturaleza, impone una separación importante de las formas del mundo. Por lo tanto, el individuo desarrolla una pseudo-personalidad a partir de esa tierna edad. En muchos casos, están sujetos a diferentes expectativas, así como a las demandas utilizadas en la creación de presentaciones junto con la conformidad.

Aparte de eso, una persona que tiene una pseudo-personalidad está expuesta en gran medida a dos formas diferentes del mundo. Por ejemplo, viven en el mundo real. Pero también pueden estar unidos al mundo de culto insular. Esto es especialmente común en personas que han asistido a una escuela pública. Los dos mundos, que son distintos entre sí, tienen valores y creencias diferentes pero únicos. En ese sentido, es vital conocer el sistema válido para que no se quede confundido o en conflicto de ninguna manera. Tendrá que tomar una decisión en función de qué mundo es más seguro para usted. También deberá identificar las condiciones clave que pueden facilitarle la vida. De esa manera, te darás cuenta de que ningún mundo es más seguro de forma aislada. Al mismo tiempo, al ser una persona joven que está sujeta al mundo de la pseudo personalidad, encontrará diferentes síntomas de depresión y ansiedad. La intensa presión añadida al pensamiento, así como a la actuación de dos formas principales, introduce la identidad de culto.

La pseudo-personalidad reprime el yo original de una persona mientras disocia el elemento defensivo en un individuo. Por lo tanto, a menudo le permite a la mente hacer frente fácilmente y luego adaptarse a las intensas demandas de un grupo de entornos. Con ese fin, se aplastan el pensamiento crítico, las preguntas, además de los sentimientos. En cierto modo, la persona se vuelve egoísta y desleal, entrando así en un cierto sentimiento de indiferencia. Con los años, la vergüenza tóxica se convierte en la norma. La dependencia junto con la inseguridad se convertirá en otro aspecto añadido a este trastorno de la personalidad. Se crea a tu tierna edad a medida que creces. Por esa razón, tratas al mundo como tu enemigo. Su verdadero ser se ahoga para recibir alguna forma de aceptación de la comunidad. También buscarás el amor y la compasión de tu familia. Esto significa que tu percepción de ti mismo está en gran parte destruida. La vergüenza se apodera de tu personalidad.

En la pubertad, te vuelves más culpable de las acciones de las que no eres responsable. A partir de entonces, comenzarías a perder amigos y tu familia extendida inmediata. En algún momento de tu vida, te darás cuenta de que el riesgo de cerrarse en un brote es más doloroso e inquietante que el de florecer. Cuando llegues a los treinta, profundizarás en la autodestrucción. Las personas que te controlan se asegurarán de que esto ocurra.

Además, los niños criados en diferentes cultos religiosos pueden estar sujetos a altas expectativas por parte de los ministros y los padres para someterse a las diversas enseñanzas grupales. También estarán sujetos a una intensa presión basada en pensar y actuar de dos maneras diferentes que causan una identidad de culto. Así es como la pseudo-personalidad o de culto comienza a formarse. Reprime su ser original de diferentes maneras. También disocia la mente para hacer frente a las demandas contradictorias e intensas de un determinado entorno. Como adulto, cuando te asocias con un grupo totalitario con el que no pasaste tu vida más joven, se te animará a reconectarte con tu yo más viejo antes de unirte a la vida destructiva. Desafortunadamente, los niños pequeños que han crecido en un ambiente opresivo encuentran dificultades con la pseudo-personalidad ya que el verdadero yo y las habilidades de pensamiento crítico del niño no pueden desarrollarse.

Además, un niño criado en una estructura rígida tiene que aprender a vivir de acuerdo con dos reglas diferentes: la visión general del mundo y las enseñanzas del culto. Cada elemento descrito en estos mundos tiene algunos aspectos únicos. Ambos tienen valores y enseñanzas diferentes también. Por esa razón, el niño se quedará cuestionando la validez de cada sistema. También pueden terminar confundidos ya que las creencias conflictivas sobre el mundo plantean diferentes preguntas en sus vidas. Tales niños también pueden internalizar un punto de vista importante de que el mundo no es seguro. Por lo tanto, se aislarán dentro de sí mismos. Si hay alguna forma de respuesta o abuso emocional junto con un trauma en la familia, entonces el niño, sin duda, perderá su identidad propia.

En los casos pasados en los que un grupo abusivo ha denigrado las habilidades de pensamiento independiente al crear dependencia e inseguridad dentro de la personalidad del niño, no se permitieron preguntas ni protestas de ninguna manera. En muchas de las situaciones abusivas, a menudo se hacía sentir al niño que no era digno de muchas maneras. El niño, temeroso, se volvió anormal y desconfió de varias figuras de autoridad, incluidos los maestros y el cuerpo de aplicación de la ley. Debido a que el mismo ha sido considerado como el enemigo, tales niños no podrían recurrir a sus padres en busca de ayuda. A medida que avanzaban para pensar y comportarse como a menudo fueron entrenados por sus padres en la estructura familiar, o mejor aún, en el grupo, sofocaron su personalidad inicial mientras rechazaban los pensamientos independientes tanto egoístas como desleales. Esto tuvo un impacto en sus vidas de tal manera que la autopercepción del niño se distorsionó. Al mismo tiempo, se creó un marco de culpa en sus mentes. Estos niños terminaron devaluándose a sí mismos y a sus sentimientos.

Los niños con temperamentos fuertes fueron considerados rebeldes si no resistentes. Pero tales individuos pueden haber terminado haciendo una transición viable efectiva a la comunidad después de su reubicación en un entorno diferente. Parte de llegar a comprender quiénes son puede ser tan simple como descubrir los conceptos básicos de sus gustos personales. Por ejemplo, ¿cuál es el color personal de un individuo? ¿Qué prefieren comer? ¿Les gustan los perros o los gatos? ¿Prefieren el invierno al verano? Si esa persona pudiera ir a cualquier parte del mundo, ¿dónde estaría? Estos son algunos de los elementos básicos que pueden ayudar a un niño sobreviviente a comprender que hay un yo original que tiene preferencias como gustos y disgustos y puntos de vista.

La pseudo-personalidad también implica una amplia gama de justicia propia y un importante patrón de engaño en la relación. Algunos pueden aprovecharse de otros, también. Para comprender completamente la pseudo personalidad, compilamos una lista de hasta 5 comportamientos típicos de tales individuos, basados en la opinión de expertos y en la investigación. En esta lista, te darás cuenta de que las pseudopersonalidades tienen rasgos comunes. Pero los comportamientos mencionados no deben usarse como una forma de diagnóstico, ya que pueden dar una idea impecable sobre por qué alguien puede tener una pseudo personalidad.

Según Psychology Today, una pseudo-personalidad se refiere a una persona que tiene un trastorno de personalidad grandioso junto con una falta de empatía por los demás. Tal individuo también puede necesitar admiración de los demás. Estos rasgos hacen que una pseudo-personalidad sea difícil de pasar el rato porque siempre están dispuestos a controlar a las personas. Además, también son despiadados al manipular a las personas para que hagan lo que deseen. Para ayudarte a descubrir si tú o alguien más cercano a ti tiene una pseudo personalidad, hemos creado una lista de patrones alarmantes para observar.

- Se da importancia a si mismo.
- Una creencia de que son más especiales que otros.
- La necesidad de admiración en un nivel diferente.
- Algún sentido de tener derecho a ciertas cosas.
- Falta de empatía.
- Envidia.
- Arrogancia.

Aparte de eso, las personas con una pseudo-personalidad pueden verse fácilmente afectadas por las críticas y la derrota. Por lo tanto, pueden reaccionar fácilmente con desdén y enojo. Sin embargo, también puede seguir el retiro social. También pueden tener cierto sentido de derecho, lo que puede llevarlos a ignorar a otras personas de muchas maneras. Como resultado, las relaciones pueden verse dañadas. Si bien una pseudo-personalidad puede ser una persona que rinde mucho, el trastorno puede tener un impacto negativo en su desempeño. Esto se debe a su sensibilidad a la crítica.

Los desafíos de tratar con una pseudo personalidad

Comprender su ego frágil podría ser un gran desafío

Una persona con una pseudo-personalidad tiene un ego auto-inflado. Tal individuo generalmente está absorto en sí mismo hasta el punto de ignorar las necesidades de otras personas. Por lo tanto, puede que no haya otros dioses adicionales en su mundo. Incluso en el caso de que tal persona diga que cree en un ser superior, es posible que no reconozca completamente la presencia de Dios. Para ellos, el ego lo gobierna todo. Cuando se trata de una pseudo-personalidad, por lo tanto, puede ser un desafío identificar el ego de esa persona. Además, su ego ama tanto el placer como el dolor.

Comprender su capacidad para cambiar de marcha del mundo real al falso

La idea de que el carácter de alguien puede ser determinado por una visión de su belleza física en la antigua era de Grecia. En el siglo XVIII, se sabía como una idea popularizada que fue utilizado como un tema de conversación en los círculos intelectuales de los psicólogos. En el mundo de la pseudo-ciencia, una persona con una pseudo-personalidad es conocida por cambiar de marcha con frecuencia. Tal individuo puede pasar fácilmente de la grandiosidad a comportarse como una persona que a menudo es mejor que el resto. Puedes ver la pseudo-personalidad como una persona que acosa el crédito de los logros de otras personas mientras se beneficia a los heridos o la desgracia.

Al mismo tiempo, las pseudo-personalidades victimizadas buscan constantemente un individuo crédulo que pueda creer fácilmente su versión de una historia, independientemente de su realidad o exageración. Lo que esas personas afirman es el hecho de que tienen diferentes calamidades. Estas calamidades pueden hacerlos egoístas y egocéntricos de varias maneras. Con ese fin, debes ser consciente de tales personalidades ya que son manipuladoras. En el momento en que identifiquen el hecho de que no compartes sus emociones o las mimas de la manera que quieren, te eliminarán de sus vidas.

La pseudo-personalidad es bastante controladora

Se sabe que la pseudo-personalidad controla de muchas maneras. Como tal, realmente no destruye a alguien por completo. Suprime a una persona al dominarla. Además, se sabe que quiere una cosa en este momento y otra diferente en otro momento.

Con todo, la pseudo-personalidad está programada para inclinarse hacia el deseo de buscar su sed. Esto suele ser lo contrario de la personalidad normal. Si bien la personalidad real puede centrarse en querer salir del abuso, el pseudo a menudo está programado para permanecer en él. Ese es un desafío importante para tratar con esa personalidad, ya que siempre tiene el control. Dicho esto, mientras la personalidad programada esté a cargo, te resultará difícil tratar con una pseudo-personalidad.

Puede ser difícil identificar la esencia de una pseudo-personalidad

Por lo general, el líder de culto, que también se identifica como el jefe de la pseudo-personalidad, se presenta como un modelo ideal a cargo del grupo. El individuo puede usar fácilmente trucos de manipulación para idealmente hacer que su vida y otros proyectos sean exitosos. Luego, el resto de los miembros del equipo creen que serían más felices si vivieran como su líder. Como víctima de tales circunstancias, puede resultarle difícil identificar dichos elementos en una pseudo-personalidad.

Una pseudo-personalidad es un mentiroso profesional

Una pseudo-personalidad es un mentiroso patológico. El individuo cuenta mentiras e historias que pueden caer entre delirios y mentiras conscientes. A veces, pueden creer sus mentiras. Por lo tanto, se convierte en un desafío comprenderlos, incluida la forma de lidiar con esos problemas en los que intervienen mentiras. Algunos de estos mentirosos lo hacen a menudo de tal manera que incluso los expertos especializados en psicología no pueden decir lo que está sucediendo.

Además, es posible que los profesionales ni siquiera entiendan la diferencia entre los hechos presentados en la mesa y la ficción dada después de un tiempo. Siendo mentirosos patológicos, tales individuos tienden a acercarse a ti de forma natural en su búsqueda para manipular a los demás. No solo son creativos sino también originales. También son pensadores rápidos, de modo que no exudan signos comunes de decir mentiras, incluidas las pausas y la evitación. Cuando se le pregunta, una pseudo-personalidad puede decir más de lo que se le ha preguntado sin ser específico con respecto a la pregunta.

Puede ser difícil lidiar con su mal genio

Una pseudo-personalidad tiene una construcción psicológica que a menudo describe una reacción importante a su lesión. Con demasiada frecuencia, esto se conceptualiza como una gran amenaza para su autoestima y valor. Dicho esto, una pseudo-personalidad es conocida por tener un temperamento desalmado causado por una interacción previa con alguien que puede haberlos herido. Este es el caso cuando el individuo cae en desgracia en que incluso se revela su carácter oculto. También es el caso cuando se cuestiona su valor y su importancia. Una lesión de pseudo-personalidad es causada por angustia. Por lo tanto, puede conducir a la desregulación de los comportamientos. Como también tienen un mal genio, pueden mantener esos rasgos ocultos de ti.

La pseudo-personalidad siempre será una víctima

Todos han sido víctimas en algún momento de la vida. De hecho, algunos han culpado a sus hermanos por algo que quizás no hayan hecho. Otros incluso han señalado con el dedo a un compañero de trabajo por arruinar una tarea. Si bien esto a menudo puede ser manipulador en muchos casos, también está claro que las personas con una pseudo-personalidad representan a la víctima en diferentes casos cuando son culpables.

Romper la maquinación

Hablando honestamente, una persona con una pseudo-personalidad no es alguien con quien deberías asociarte. Esto se debe a que si sufres daños emocionales y físicos de los que nunca te recuperarás. Dicho esto, es posible que no te des cuenta de que esas personas tienen los rasgos mencionados. Dado que es tan frecuente en los EE. UU., Existen buenas posibilidades de que hayas animado a muchas de esas personas a estar en tu vida. Incluso si no lo hiciste, es probable que no estés en condiciones de detectarlos al instante. Pero, debido a su potencial para enmascarar a sus personajes, encontrarás que es necesario identificar aspectos específicos de su comportamiento.

Aquí hay algunos consejos para romper la maquinación:

Niégate a comprometerte con un individuo que tiene una pseudo-personalidad

Si quieres desenredarte de la etiqueta de una pseudo personalidad, entonces puedes comenzar negándote a asociarte con ellos. Esquiva el daño emocional y físico que proviene de tratar con ellos. Para ser más específicos, la única forma importante de tratar con ellos es evadirlos.

Establece si la conversación siempre debe ser dirigida por ellos

Si desea identificar una pseudo-personalidad entre sus amigos y familiares, considera evaluar si siempre dirigen todas las conversaciones hacia ellos mismos. Esto implicaría que no solo están centrados en sí mismos, sino que se centran en dirigir cada ángulo de discusión hacia lo que preferirían escuchar. De esa manera, puedes separarte fácilmente.

Comprende que son tomadores y no dadores la mayor parte del tiempo

En el mundo de la psicología, hay dadores (o donantes), tomadores, así como también igualadores. Si bien los dadores siempre descubrirán cómo pueden ser de ayuda para los demás, los tomadores siempre se centrarán en ser los destinatarios. Por otro lado, los igualadores se concentrarán en jugar tit for tat (una cosa por otra) en muchas ocasiones. A la larga, sin embargo, hay un giro en todos los aspectos, ya que hay casos en que los dadores se comportan como tomadores y viceversa. Las personas con una pseudo-personalidad se comportan como dadores, pero terminan tomando todo de sus seres queridos, solo para encontrar consuelo. Eso implica que si estás en una relación con una persona así, puedes terminar perdiendo todo lo que tienes a expensas de la amistad o algo así. Al final, no estarán dispuestos a devolver o corresponder de ninguna manera. Para estar seguro mientras te relacionas con tales individuos, debes estar interesado en observarlos desde la distancia.

La mayoría de estos fenómenos disociativos no son necesariamente el resultado de síntomas de enfermedades. Sin embargo, representan en gran medida un comienzo continuo de modulación psico-biológica normal junto con información entrante que puede almacenarse a largo plazo. Como tal, el estrés ambiental prolongado junto con situaciones de la vida habitual pueden interferir con las funciones integradoras de la personalidad de un niño. Las personas expuestas a tales fuerzas pueden terminar adaptándose por disociación.

Capítulo 4 - Sanación del niño interno

Cada persona es el resultado de su historia. En otras palabras, usted es la persona que es hoy debido a las experiencias colectivas que han ocurrido en su pasado. Cada encuentro, cada experiencia, cada pensamiento, cada dolor y cada decisión han culminado en la creación de la persona que eres hoy. Esto se debe a una teoría dominante del desarrollo que afirma que fueron productos de nuestros entornos. Esto incluye tus entornos sociales y físicos, así como tu entorno interno en términos de pensamientos y experiencias internas. La importancia de estos hechos se encuentra en el papel del entorno de dar forma a quien eres desde la infancia. Los psicólogos creen que sus años de formación en la infancia apuntalan en quién se convierte en adulto. Esto se debe a que tu cerebro es más impresionable y frágil entre las edades de 0 a 7 años. Esto da como resultado la formación de creencias, ideas y conceptos de quién eres tú y qué debes hacer para ganar aceptación dentro de la familia, los amigos y la sociedad en general.

Si bien estos procesos son en gran parte subconscientes, su importancia en tu vida es mucho más gigantesca de lo que te gustaría imaginar. Esto se debe a que las experiencias absorbidas de la infancia permanecen contigo hasta la edad adulta, existiendo solo en el subconsciente pero manifestándose en las decisiones y acciones cotidianas. Es dentro del contexto que emerge el concepto del niño interior. Si bien una persona puede desear ignorar este concepto como otra fascinación de la psicología popular, es bastante fácil notar su existencia en tu vida cotidiana. El niño interior es en gran medida un espíritu libre que ama la diversión, la creatividad y la imaginación. Todos estos elementos cobran vida en varios momentos durante tus actividades cotidianas. Sin embargo, la falta de conciencia significa que es imposible capturar su presencia. Por ejemplo, cuando estás atento, puedes notar al niño interior cuando te pierdes en actividades divertidas, disfrutas de un juego de un tipo u otro o recuerdas con cariño una foto antigua. El niño interior también es evidente durante situaciones en las que te enfocas en complacer a tus padres y a otros miembros de la familia.

¿Cómo sucede?

Por lo tanto, el niño interior es considerado como la psique que encapsula las cualidades que tenías cuando eras niño. En este caso, por lo tanto, puedes considerar aspectos como la curiosidad, la espontaneidad y la alegría que caracterizaron su infancia. Además de los recuerdos rosados y felices, también puedes llevar subconscientemente la carga de un pasado herido basado en los encuentros traumáticos y aterradores. Se ha encontrado que las experiencias negativas cicatrizan y hieren a tu niño interior. Dejando impactos duraderos en cómo te relacionas y te articulas con tu entorno.

La aparición de un niño interno herido se produce como resultado del subdesarrollo mental y psicológico que no está equipado para lidiar con las emociones y los sentimientos asociados con la mayoría de los desafíos que definieron su infancia. En otras palabras, en ausencia de habilidades cognitivas apropiadas para comprender la dinámica de tu entorno, terminas con una acumulación de emociones no procesadas que se convierten en un factor definitorio de su mente subconsciente. Según los psicólogos, por lo tanto, las emociones incrustadas se convierten en marcadores cruciales en la vida de una persona, a menudo causando muchas de las dificultades que enfrenta en sus relaciones, comportamiento y sentimientos.

Las emociones reprimidas a menudo se hacen evidentes en su vida a través de su comportamiento, relaciones y actividades. Esto se debe a que los problemas no resueltos en su infancia a menudo son evidentes a través de la proyección de roles de figuras significativas en su infancia en las relaciones actuales. Desde un punto de vista psicológico, esto ocurre porque inconscientemente quiere resolver problemas de su pasado recreando situaciones similares. Para apreciar aún más este concepto, puede considerar el ejemplo de una persona que tiene problemas no resueltos con su padre y, como tal, proyectará estos sentimientos a su jefe o cualquier otra figura de autoridad. Las emociones reprimidas también pueden manifestarse en su vida a través de numerosos trastornos mentales que incluyen problemas de identidad, baja autoestima, dificultades psico-sexuales y conducta criminal. Además, también puede notar casos de falta de creencia y confianza en usted mismo y en los demás, el desarrollo de varias adicciones y la falta de amigos genuinos en tu vida.

Si bien estos ejemplos no cubren la totalidad de los aspectos de un niño interno herido, sí ofrecen ideas cruciales sobre cómo no abordar al niño interno puede afectar directamente la calidad de tu vida. Al apreciar el impacto de las emociones no resueltas y reprimidas en tu vida, así como la presencia de tu niño interior, está iniciando un proceso de transformación como ningún otro. A diferencia del amor y la atención que puede mostrar a tu hijo, mascota, amigo o miembro de la familia, reconocer a tu niño interior crea espacio para el inicio de una experiencia transformadora como ninguna otra. La liberación de tu mente de las numerosas cargas mentales y emocionales que definen tu vida actual radica en la capacidad de abrazar a tu niño interior. Esto es seguido por un esfuerzo deliberado y consciente de iniciar un proceso de curación que te hará volver a ser completo.

El proceso de contacto es, por lo tanto, vital en el sentido de que te permite reiniciar el vínculo cortado con tu niño interior. Por más abstracto que parezca, tu creencia total en este proceso ofrece beneficios sin precedentes para tu vida actual y futura. El contacto se realiza a través de un proceso reflexivo objetivo que está diseñado para ayudarte a aceptar el inicio de tu fase de dolor en la vida. La visualización es la más adecuada a este respecto. Se trata de imaginarte a ti mismo como un niño desde tan lejos como puedas recordar y explorar los momentos felices, tristes, atemorizantes o alegres que formaron parte de tu infancia. La paciencia y la vitalidad son vitales para lograr este objetivo debido al hecho de que hacen posible que tu cerebro descubra las emociones ocultas y la experiencia que caracterizaron tu educación. Este proceso puede demorar hasta una hora o más y se debe realizar de manera integral para garantizar que todas las perspectivas hayan salido a la luz.

Al encontrar parte del dolor residual y la negatividad de tu experiencia infantil, es probable que surja el sentimiento de odio. Sin embargo, debes centrarte en descubrir las emociones subyacentes en lugar de reaccionar ante ellas. Esto significará mantener un sentido de compasión y comprensión para ti y aquellos que podrían haberte causado el dolor. Al comprender y validar el dolor que se lava sobre tu cuerpo, te estás haciendo cargo principalmente de una experiencia que habías bloqueado durante años. Es en este punto que debes hablar con tu niño interior. Si bien esto es pura imaginación y visualización, ayuda a tu mente subconsciente a revelar algunos de los desafíos subyacentes y cómo continúan obstaculizando tu vida. Crear espacio para la comunicación y la conversación con tu niño interior hace posible que el cerebro adulto procese experiencias pasadas y dolor para obtener mejores resultados.

El proceso de introspección como adulto hace posible una organización y cohesión adecuadas en tu narrativa de la vida. Con las capacidades alcanzadas por tu mente adulta, el cerebro puede replantear sus experiencias de la infancia al darte cuenta de que tus torturadores también podrían haber sido víctimas de abuso. El cambio de perspectiva va un largo camino para ayudar a que vuelvas a conectar tu cuerpo, mente y alma. Las sensaciones y sentimientos que han sido reprimidos durante años a menudo crean una brecha de experiencias emocionales. Como adulto, esta brecha puede causar una crisis de identidad que se manifiesta en varias conductas y tendencias desadaptativas. El proceso de reconexión se utiliza para integrar la nueva historia procesada en tu mente subconsciente.

El proceso de reconexión es la culminación de tu viaje de curación, ya que permite que tus células, conciencia y alma encarnen una narración nueva y coherente que se ha formado a partir del proceso lógico, la compasión y el perdón. Este proceso debe ser afianzado a través del proceso de consolación. El proceso de consolación implica el compromiso de mantener la relación restablecida. A medida que comienzas a tomar conciencia del entorno externo, tu imaginación debe centrarse en recordarle al niño interno la relación continua que se derivará del proceso de reconciliación. Esto significa que el cuidado y la atención necesarios para nutrir al niño interno continuarán en el futuro.

El niño interior en la edad adulta

Es importante que estés despertando al hecho de que la existencia del niño interior es una parte inherente de tu vida. El hecho de que alguna vez fuiste niño significa que aún encarnas los recuerdos y las experiencias de este período de tu vida, aunque inconscientemente. El hecho poco apreciado de la vida es que muchos de los llamados adultos tienen su edad como factor central de su edad adulta, pero psicológicamente, permanecen inseguros y ajenos a quienes realmente son. La verdadera madurez se define por tu capacidad de asumir la responsabilidad de cuidar a tu niño interior con el cuidado y la atención que caracteriza a cualquier proceso de crianza eficaz. En ausencia de un cuidado y atención adecuados, como es el caso de la negligencia y la supresión que caracteriza la mayoría de las reacciones de los adultos al niño interior, surgen síntomas sutiles.

Tu niño interior encapsula la inocencia, el asombro, la alegría y la sensibilidad que define las experiencias de la infancia. Además, el niño interno también está formado por los miedos y los traumas que podrían haber definido tu crianza. Al rechazar o negar a tu niño interior, no solo eliminas las cualidades positivas y el potencial que representan los niños internos, sino que también asumes erróneamente que has superado tus experiencias negativas de la infancia. Como resultado, si bien puedes considerarte maduro, en el centro de tu ser todavía albergas tu pequeño ser, aunque inconscientemente. En esencia, la mayoría de tus decisiones emanan de un niño temeroso y altamente traumatizado a pesar de la llamada edad adulta que has adquirido con el paso del tiempo.

El desafío para muchos adultos, como se ha señalado una y otra vez, es la falta de conciencia del niño interior. Esta inconsciencia facilita la intrusión sutil del niño interior desencantado en las decisiones y comportamientos del día a día. Para los adultos, por lo tanto, el primer paso para coexistir pacíficamente con tu niño interior implica tomar conciencia de que tu yo más joven sigue siendo una parte muy importante de ti, al igual que tu alma y tu mente. Con este reconocimiento, un adulto psicológico debe tomarse el tiempo para apreciar el mensaje y la importancia de su niño interior. En otras palabras, si bien puedes estar de acuerdo con este concepto, intelectualmente, su impacto en tu vida solo se manifestará una vez que comiences a tomar en serio a tu niño interior.

Guiado por las necesidades primarias que definen la infancia, como el amor, la protección y la comprensión, debes comenzar a comunicarte y relacionarte con tu niño interior. La marca de la edad adulta está, por lo tanto, de acuerdo con la voluntad de tomar conciencia de las insuficiencias de la infancia, así como con el tiempo y el esfuerzo necesarios para transmutar estas deficiencias. La esencia de la edad adulta es que viene con experiencia y capacidad de pensamiento lógico. Como resultado, esto significa que tu personalidad adulta puede aprender y adoptar nuevas habilidades fácilmente. En este sentido, tienes la libertad de establecer una nueva relación con tu niño interior basada en la compasión y la comprensión. Como sucede con la crianza de un niño de carne y hueso, debes asumir una postura similar al acercarte a tu niño interior. Esto significa desarrollar límites, estructuras organizadas, así como la disciplina necesaria para guiar los patrones de comportamiento. Tal enfoque finalmente resulta en una relación cooperativa y mutuamente beneficiosa entre tu niño interior y tu yo adulto.

¿Cómo se ve una infancia estable?

No tiene sentido discutir el proceso de curación de tu niño interior sin mirar algunos de los factores definitorios que conforman una infancia estable. En otras palabras, sin entender lo que puedes haber perdido en tu crianza, puede ser imposible determinar las heridas exactas que pudiste haber acumulado durante tu infancia. El concepto general sobre una infancia estable implica la libertad de exploración, la seguridad y la protección de la tutela, así como la atención y el cuidado de tu alma y mente frágiles. En otras palabras, tu infancia debe incluir una comprensión de la familia, amigos y parientes que te apoyen, y lo más importante, una sociedad segura y ordenada. Estos tres principios sostienen la dinámica básica de una experiencia infantil estable.

A nivel familiar, aprendes sobre libertad, independencia, amor y atención. El entorno del hogar debe ser un espacio seguro en el que esté totalmente protegido, cuidado y apreciado. Con la imaginación y la creatividad burbujeando en tu mente cuando eras niño, también necesitas tiempo para jugar y explorar varios límites de tus habilidades. Esto resulta vital para ayudarte a identificar tus intereses y fortalezas, así como tus debilidades. Un niño también debe aprender la importancia del trabajo en equipo, el intercambio y el respeto. Estos valores se adoptan en gran medida durante el juego grupal con otros niños. La libertad de aventurarse más allá de las paredes de la casa es, por lo tanto, un principio vital de una educación estable. A medida que el niño se expone a perspectivas de que son diferentes de las suyas, no solo adquieren nuevas perspectivas, sino que comienzan a comprender quiénes son y lo que representan.

Las reglas, la estructura y la organización también son esenciales para tu infancia. Con capacidades cognitivas limitadas cuando eres niño, a menudo te falta la capacidad de analizar y apreciar la gravedad de varias experiencias y encuentros. Es por esta razón que el entorno social familiar debe ofrecer algún tipo de orden y estructura. La disciplina y las estructuras adoptadas dentro de la familia y el gran círculo social resultan vitales para ayudar a los niños a apreciar la importancia de defender algo que valga la pena. Además de disfrutar de mucha diversión, los niños también necesitan sentirse amados y cuidados. Los padres y tutores deben estar dispuestos a crear tiempo para sus hijos en el que el niño sea el foco principal de atención. Jugar con tu hijo les permite integrar el hecho de que son amados y que siempre pueden tener un lugar al que acudir en caso de problemas. Aunque aparentemente insignificante, estos principios definen quién eres como adulto, ya que están incrustados en lo profundo de tu mente subconsciente.

Cuidando a tu niño interior

El propósito de comprender a tu hijo interno en la edad adulta, así como la definición de una infancia estable, es ayudarte a aceptar el hecho de que podrías estar albergando a un niño interno herido mientras permaneces desprevenido. Una vez que hayas establecido esto como un hecho, el proceso de curación puede iniciarse, como se ha estipulado anteriormente. Tienes que entender que así como es difícil cuidar y criar a un niño, también lo hará el proceso de curación de tu niño interior. La paciencia, el compromiso y la determinación son tres ingredientes vitales que te ayudarán a salir del grupo de locos que has estado derribando en toda su vida. Es importante tener en cuenta que al curar el viejo lobo, debes asumir el deber y la responsabilidad de cuidar a tu niño interior. La negligencia y la negación no ofrecen soluciones significativas, y como tal, en ausencia de atención sostenida, puedes terminar abandonando a tu niño interior y continuar suprimiendo las emociones.

Identificando el dolor infantil

La identificación de la causa raíz de tu dolor es el comienzo de un viaje que transforma la vida. La disposición y el compromiso de transmutar tu dolor en energía significativa y progresiva deben comenzar en el punto de origen. Como se señaló anteriormente, la visualización es un principio vital en este esfuerzo particular, pero lo más importante, sin embargo, es la necesidad de la meditación. Al explorar conscientemente las profundidades de tu subconsciente mental con un enfoque en la experiencia de la infancia, te encuentras con algunas de las experiencias alegres y dolorosas de tu pasado. Es dentro de este contexto particular que te encontrarás cara a cara con el dolor y el sufrimiento que definieron tu crianza.

Vuelve a criar a tu hijo interno

Como es el caso con tu hijo, hermano o pariente, la orientación, el cuidado y la atención apuntalan el proceso de curación del niño interior. En otras palabras, debes estar listo para emprender el proceso lento y gradual de permitirte aceptar tu pasado. Esto te permitirá restablecer lazos seguros y saludables con tu niño interior. Como adulto, debes emprender este proceso, dándote cuenta de que tu salud mental, física y psicológica depende del éxito de este esfuerzo en particular. Si bien a menudo se recomienda la ayuda profesional cuando se trata de establecer nuevos lazos con tu niño interior, el proceso se puede lograr por sí solo adoptando enfoques que definan la crianza de un niño real.

El proceso de re-crianza está, por lo tanto, salpicado de afirmaciones que te recuerdan tus verdaderos valores e ideales, así como también conversaciones internas que sirven para abordar diversos problemas y desafíos que surgen en las experiencias cotidianas. Como es el caso con el cuidado de un niño, también debes ofrecerte recompensas por los logros y las mejoras derivadas del compromiso de relaciones más nuevas y más fuertes. Finalmente, una sensación de atención plena sustenta el proceso de re-crianza. Mantenerte al tanto de las experiencias y encuentros del presente es vital para conciliar tu pasado y presente. Esto elimina la disonancia psicológica que puede surgir inconscientemente y, por lo tanto, influir en tus decisiones y comportamiento.

Involucrando a tu niño interior

Escuchar y hablar con tu niño interior son algunas de las formas efectivas de relacionarse con quién eras cuando eras niño y cómo puedes relacionarte como un mejor ser humano. Los esfuerzos de participación abarcan actividades como escuchar y hablar con su niño interior o métodos más detallados, como escribirse a sí mismo. Hablar y escucharte a ti mismo te ayuda a aceptar las necesidades de tu niño interior. Con esta información podrás iniciar cambios significativos en tu comportamiento para que el niño interior pueda prosperar. El compromiso con su niño interior debe centrarse en los miedos y problemas originales que podrían haber estado presentes en tu infancia. Sin embargo, lo más importante es guiar al niño interior al presente. En otras palabras, la charla debe centrarse en ayudar al niño interior a apreciar las transformaciones que han surgido desde entonces y cómo el pasado ha moldeado quién eres como persona en el presente.

Capítulo 5: Creando tus pensamientos

Pensar en la disponibilidad es muy vital cuando se trata de desarrollar tu realidad. Cualquier cosa que pienses en el mundo físico tendrá algunas pistas del mundo interior de tu pensamiento y percepciones. Puedes ser el jefe de tu intención cuando controlas los pensamientos que tienes y los dominas. Cuando haces eso, entonces experimentarás al conocer la verdad detrás de tu pensamiento y cómo se llegas a la verdad. Muchas personas siempre creen que no pueden tener control sobre lo que están pensando. Puedes encontrarte con pensamientos fluidos en tu mente provocados por la fuerza invisible. Se te aconseja no tener piedad con tus pensamientos internos, ya que frenarán tu ego y provocarán problemas insignificantes. Cuando llegues a saber cómo controlar sus sueños, esto traerá consigo la representación de lo que deseas y sientes que es lo mejor.

Conciencia

Lo primero que debes hacer para tener control sobre tus puntos de vista es identificar patrones indeseables. A menos que estés seguro de determinar los impactos negativos en tus pensamientos, entonces no podrás llegar a los efectos positivos. Puedes admirarlo como si estuvieras evaluando algunas actividades. Vuelve a lo más profundo de tu mente y escucha tu burla interior e intenta determinar si es un obstáculo para tu capacidad de divertirte en la vida cuando escuchas tus pensamientos puede ser la primera práctica porque conoces bien tu voz interior que aparece con tu personaje debido a las distracciones de fondo.

Ocasionalmente, podrás identificar algunos pensamientos detallados más aún cuando mantengas tus actividades durante un período y hagas una pausa. Sin embargo, la mayor parte del tiempo de tu vida la pasas en acción y no en ser un piloto automático y absorto en involucrarte con plena conciencia. Al ser un piloto automático, aún puedes influir en tus sentimientos a través de tus opiniones a pesar de no estar atento a su presencia. Con esto, tu voz interior te notificará insistentemente que la vida es negativa; así, tendrás negatividad en tu punto de vista. Tu conocimiento sacará a relucir las incertidumbres que expresan los intelectuales cínicos.

Audiencia de la voz interior

Se te aconseja aprender a escuchar tu voz interior cuando estás solo y tratar de saber qué está pasando por tu cerebro. Lo sabrás mientras concibes tus pensamientos, y esto a menudo puede ocurrir cuando tu voz interior se queda en silencio. Con esto, entonces habrá algún descubrimiento en los espacios en medio de sus pensamientos de donde puede venir la paz y la curación. Cuando aparezcan ideas, se te aconseja no emitir ningún juicio sobre ellas, así que ofréceles algunos momentos para desarrollarlas y luego presta atención. Intenta averiguar si tu voz interior es crítica o expresa angustia. Todavía puedes llegar a saber si tus pensamientos son positivos y si son bien recibidos o no.

Pensamiento negativo y positivo.

Cuando pienses en amar, podrás recuperar la felicidad y brindar una mayor alegría a tu vida. Cuando se forman en tu cerebro, entonces tienes que amplificarlos y llevarlos a tu corazón, donde tendrán una punta afilada. Cuando tienes pensamientos negativos, entonces probablemente se te aconseje que calmes tu ser interior por compasión. No te enojes cada vez que sientas que tu parte interna no es como quieres que sea. Tal vez se supone que debes enviar un sentimiento de amor desde tu corazón y hacer que la negatividad dentro de ti se escape mientras te enfocas en temas positivos.

5 pasos para recuperar el control de tus pensamientos

Los pensamientos son considerados nuestros mejores amigos o peores enemigos, y esto es según un monje budista Matthieu Ricard. Al menos, cada individuo ha tenido un momento en que sus mentes tienen sus propias mentes, pero aún controlan sus pensamientos, lo que mejora la felicidad, reduce el estrés y está bien equipado para resolver problemas y lograr objetivos. Muchas personas no siempre están informadas de lo que están pensando.

Del mismo modo, serás tu observador y controlador de los impactos que tus pensamientos tendrán sobre ti mismo. Puedes encontrarte deprimido, enojado, frustrado, triste, entre otros. Algunos pasos simples te ayudan a controlar tus pensamientos y detener los pensamientos negativos.

1. Estudia cómo prevenir tus pensamientos

Tienes que aprender a pausar cuando estás en medio de tus sueños. Puede ser una idea aburrida, dañina o útil. La mayoría de las veces durante el día, te harás pensar. Cuando te sientas frustrado, enojado o cansado por ciertas cosas, tendrás la tendencia de seguir presionando en cualquier sentimiento que tengas; Por lo tanto, este no es un enfoque aconsejable. Te podrás irracional cuando tengas tendencia a estar más enojado y más emocional. Puedes notarlo rápidamente en otros y no en ti mismo. En los casos en que tengas hijos, trata de pensar en cómo tus hijos se ponen malcriados cuando se enojan o se irritan. Cuando no tienes hijos, puedes usar el ejemplo de un amigo. También puedes tener otra opción de pensar en esa mujer u hombre a cercano a ti que sea temperamental. Piensa profundamente en tus pensamientos antes de continuar durante cinco minutos.

2. Reconoce los sentimientos negativos dentro de ti

Cuando puedas detener tus pensamientos, esto te ayudará con los tiempos por venir. Puedes evaluar rápidamente cómo te sientes y luego retroceder. Cada sentimiento que tienes es directamente el resultado de algo que estabas pensando. Por ejemplo, puedes preguntarte por qué estás ansioso retrocediendo algunos pasos cuando tienes la sensación de estar ansioso. Puede que tengas un proyecto o vayas a despedir a alguien; por lo tanto, debes saber qué te está poniendo ansioso. Piensa en lo que te preocupa si tuviste una mala experiencia, entre muchas otras preguntas. Solo trata de resolver el problema principal de tu ansiedad. En cualquier caso, sabe que lo que sea que te ponga ansioso será la razón que tu cerebro está utilizando para crear un estado de ánimo emocional. Aunque a veces, no es la causa principal de tu estado emocional.

3. Anota tu película mental

Con el paso anterior correctamente hecho, entonces eres capaz de reconocer la película que tienes en mente. Esta puede ser una reunión en la que tu jefe te fastidió. También puede ser el momento en que fracasaste durante una presentación. También puedes ser molestado por la voz de tu padre, que te dice lo inútil que eres. Mucha gente tiene películas mentales negativas que provocan negatividad cancelando películas positivas. Hay un momento en que las situaciones actuales te harán reproducir el estado anterior de esa película. Puedes tener cinco sucesos exitosos, y una decepción y tu mente preferirá recurrir a la frustración por la necesidad de evitar el dolor que recordar el placer. Todo lo que debes hacer es identificar el contenido de la película y luego anotarlo. Esto te ayudará a sacarlo de tu mente.

Escribirlo lo sacará de tu cerebro y te habrás distanciado de los sentimientos que genera. Esto puede denominarse disociación y cuando anota tus películas mentales es parte de ella. Lo encontrarás muy simple porque solo necesitas un bolígrafo y un papel. Cuando te disocias de algo, es como si te hubieras excluido del lugar del cerebro en primera persona. Si se te pregunta sobre una experiencia dolorosa en el pasado para pensar como si estuviera sucediendo, entonces podrás regresar a esa situación. Esto puede alegrar los sentimientos, lo que te hace enojar, poner triste, entre muchas otras emociones. Esto se puede conocer como asociados. Te estás situando en un evento. En la mayoría de las ocasiones predeterminadas, las películas mentales juegan así y nos llevan de vuelta a la situación de dolor. Cuando anotas tus películas mentales eso te sacará del punto de asociarte con la ansiedad, te dará un paso para salir de la situación. Este paso será un paso positivo para ayudarte a calmarte. Cuando quitas las películas de tu mente, también eliminará su poder.

4. Consigue la mentira

En cada película mental, hay una mentira sobre ti sobre lo que eliges creer, ya sea de manera deliberada o inconsciente. Deberías poder encontrar cuál es la mentira, y este es un paso significativo. La mentira puede ser que no eres nadie, o un fracaso en la vida, entre muchas otras cosas. Puedes experimentar algo como alguien te dijo que ninguna mujer/hombre te amaría. Tienes que inscribirlo en tu película mental rápidamente.

5. Encuentra la verdad

Querrás combatir la mentira; por lo tanto, la única solución es descubrir la verdad sobre ti. Puedes orar, leer tu Biblia y tratar de preguntarle a Dios qué es lo que Él te destinó a ser. Hay diferentes procesos que puede usar. Puede decidir hablar con amigos al respecto o buscar el consejo de tu terapeuta. No importa la forma que tomes siempre que llegues a la verdad. Cuando encuentras la verdad, puedes escribirla junto a la mentira. Pónlo en primera persona y hazlo positivamente. En lugar de anotarlo como "no eres un fracaso", puedes expresarlo como "eres un mejor individuo lleno de cualidades positivas". Incluso la Biblia habla en Filipenses 4: 8.

Deshazte del pobre auto concepto de tus pensamientos

Verte indigno, incompetente, el fracaso no puede ser conocido por tener baja autoestima. Tales opiniones provocarán la creación de pensamientos negativos que pueden afectar fácilmente las decisiones de su vida, disminuyendo así tu estima. Puedes decidir usar algunas herramientas de atención plena mientras estudias otras situaciones sin tener una influencia negativa en tu pasado.

Vivir en el momento

Con un buen enfoque en el tiempo, es probable que tengas que seleccionar sus movimientos con prudencia y precisión. Esto se hará sin tener ningún efecto de su pasado, sin tener en cuenta ninguna preocupación, sino tener esperanzas positivas sobre el futuro.

Crear conciencia

Cuando estés consciente, reconocerás rápidamente cómo estás reaccionando y abordando tus incertidumbres, haciendo un momento en medio de tus sentimientos y actividades. Entonces se espera que respondas de una manera más saludable.

Escribe un diario

Muchos de tus puntos de vista y sentimientos se han encerrado en tu mente oculta, y la escritura puede ayudarte a llevarlos a tu estado alerta. Cuando escribes lo que sientes y piensas puede ayudarte a separar los conceptos negativos sobre ti de la verdad de quién eres en realidad.

No juzgues

Analizar tu vida sin juzgar te hará aceptarte a ti mismo, tus implicaciones, decepciones y logros, y lo que la gente dice sobre ti sin preocuparte si es bueno o malo o si tiene importancia en sì mismo o no.

Conéctate a ti mismo

Cuando estás en conciencia plena, puede ayudarte a mejorar la sensación de adaptarte a ti mismo y a reducir el número de personas que quieres complacer al poner en espera el pensamiento del piloto automático y los personajes que te harán querer satisfacer a las personas y olvidarte de tus deseos. .

Mejora la meditación consciente

Cuando estás meditando, simplemente significa que estás dejando de lado los pensamientos competitivos que están en tu concentración y tolerando que esos sentimientos y creencias sean temporales en lugar de partes de ti mismo. Se supone que debes preservar algunos momentos diariamente para estar quieto y concentrarte en la conciencia y observar cómo tus preocupaciones se van volando como nubes.

Participa en tu vida personal

La atención plena nos inspira a ser animados y seguros para mejorar tus propias experiencias. Cuando seas consciente de tus pensamientos y selecciones de tus respuestas, te permitirá actuar y participar en tu vida personal.

Mente de principiante avanzada

Con una mente de principiante, mirarás cosas como si las estuvieras viendo por primera vez con mucha sinceridad, entusiasmo y libertad de anticipación. Verás las cosas con una nueva luz en lugar de replicar robóticamente con los viejos patrones de carácter.

Dejar ir

El objetivo de ser consciente es no apegarse ni soltarse. Libérate de lo que estás pensando o lo que debes hacer, puedes confiar en ti mismo y decidir qué sientes que es adecuado para ti.

Ten compasión de ti mismo

Se supone que debes tener amor hacia ti mismo tanto como cualquier otra persona. Cuando tengas autocompasión, podrás darte el amor, la protección y la aceptación que deseas.

Reenfoca tu mente

Tener un cerebro errante será beneficioso y se puede lograr. Cuando estás mejorando tu enfoque mental, que es alcanzable, eso no significa que será rápido y directo. Si hubiera sido fácil, todos nosotros requeriríamos una atención muy aguda. Algunas ideas pueden ayudarte a mejorar tu enfoque mental y atención.

Comienza evaluando tu enfoque mental

Debes conocer la fuerza de tu enfoque mental antes de comenzar a trabajar para mejorar tu enfoque mental. Tu enfoque será excelente si te resulta sencillo estar alerta, establecer objetivos e intentar dividir tus tareas en partes más pequeñas, y tomar descansos cortos y volver al trabajo. Deberías trabajar en tu enfoque si sueñas despierto regularmente, no puedes señalar obstáculos y perder rápidamente tu nivel de progreso. Con más aprendizaje, entonces probablemente tengas una excelente capacidad de atención si tus afirmaciones son consistentes con tu desempeño. Si debes trabajar en tu enfoque, entonces deberás ser muy estricto en la mejora del enfoque mental. Esto puede llevar mucho tiempo, pero si aprendes buenos hábitos y te mantiene estable en tu mente, puedes recibir asistencia.

Erradicar interferencias

Tienes que aceptar que viste venir esta frase. Puedes ser saludable, pero muchas personas han subestimado cómo tantas interferencias les han impedido estar atentos a las tareas que tienen entre manos. Tales distracciones pueden provenir de música de fondo a todo volumen. Controlar tales perturbaciones puede ser más relajado, pero aun así, se supone que hay algunos desafíos que debes manejar. Una manera simple de lidiar con esto es excusándose y solicitar que te dejen solo por un rato y tener un tiempo específico solo para ti. También puedes ir a un lugar donde no tendrás distracciones y trabajar pacíficamente. Lugares como bibliotecas, tu casa o una cafetería silenciosa pueden ser buenos lugares para probar. Puede intentar descansar antes de manejar cualquier tarea para ayudarte a combatir la ansiedad y la preocupación; por lo tanto, necesitarás el uso de pensamientos positivos. En situaciones en las que su mente se ha centrado en distraer las cosas, debes volver al trabajo que estás realizando.

Pon tu atención en una cosa a la vez

Cuando tengas varias tareas a mano, tenderás a hacer ejercicio rápidamente para terminar; por lo tanto, esto puede llevar a que las funciones estén mal realizadas. Hacer tantos trabajos a la vez disminuirá tu productividad, lo que hará que omitas algunas ideas esenciales. Enfócate como un reflector que apuntas en un área en particular, te da una visión clara, a diferencia de cuando lo apuntas atravesando una habitación oscura y no te dará una visión clara. Para mejorar tu enfoque, todo lo que puedes hacer es mejorar los recursos que tienes. Simplemente deja de hacer tantas cosas a la vez y concéntrate en una tarea a la vez.

Estar en el momento

Puede resultarte agotador concentrarte mentalmente cuando todavía estás pensando en el pasado debido a otras razones. En algún momento, has podido encontrar personas que hablan sobre estar presente. Esto cuando se supone que debes guardar todas las distracciones y concentrarte mentalmente por completo en el momento actual. La noción de permanecer presente es vital para recordar su enfoque mental. Cuando estés completamente comprometido, estarás atento y obtendrás los puntos esenciales en ese momento en particular. Puedes tomar un tiempo para estudiar cómo estar en este momento. No puedes cambiar lo que ocurrió en el pasado, y el futuro aún no ha sucedido; por lo tanto, lo que hagas actualmente te ayudará a evitar tus errores pasados y a dar paso a un gran futuro.

Ejerce la atención plena

Este es un tema importante para hablar y por buenas razones. Mucha gente estudió cómo ser consciente durante muchos años y sus beneficios para la salud, pero recientemente se ha comenzado a entender. Hay un estudio en el que profesionales contrataron personas para ayudarlos a realizar tareas complejas en un día. Los trabajos tuvieron que hacerse en 20 minutos, lo que incluye atender llamadas, planificar reuniones, entre muchas otras tareas. Cuando estás entrenando sobre la atención plena, entonces te involucrarás en cómo deliberar. Puedes considerar que el trabajo es simple, pero es más complicado de lo que parece. Con el tiempo, sabrás que es más fácil concentrarte en donde se supone que debes estar.

Tómate un pequeño descanso

Probablemente has estado en una situación en la que estás haciendo una tarea durante mucho tiempo, y luego su concentración se pierde con el tiempo; por lo tanto, estarás en una condición problemática tratando de recuperar la concentración para la tarea en cuestión. Esto también afectará significativamente tu rendimiento. Es recomendable que cada vez que tengas una responsabilidad alargada, trates de darte un breve descanso. Intenta cambiar tu atención a algo diferente solo por un tiempo. Los descansos te proporcionarán un enfoque mental agudo y tendrás un impacto de alto rendimiento en tu tarea.

Practica más para fortalecer tu concentración

Desarrollar tu concentración es algo que no tomará poco tiempo, pero tiene muchos pasos por recorrer. Los profesionales del deporte también necesitan tiempo para practicar y ayudar a reafirmar sus habilidades. Notarás su impacto cuando trates de reconocer que la distracción afectará tu vida. Cuando te encuentres siendo distraído por otros asuntos sin importancia, debes concentrarte más en darte tiempo. Cuando mejores tu concentración, podrás lograr tantas cosas en la vida como el éxito, la felicidad y la satisfacción.

Consejos para mejorar la atención plena

Algunas técnicas pueden ayudar a mejorar la conciencia del momento actual, como:

1. Solo respira

Cuando estés sentado, trata de ser consciente de tu respiración. Intenta concentrarte en cómo se está levantando tu estómago, por lo que te concentrarás y estarás atento. Intenta concentrarte en tu respiración cuando estés esperando un autobús, cuando estés en un atasco de tráfico mientras esperas para comer, entre otros. Cuando tienes una sola respiración a propósito, esta puede ser una excelente manera de mejorar la atención plena.

2. Dar un paseo

Tienes que levantarte y caminar con una dirección y conciencia. Llega a un lugar atractivo donde puedas ir a caminar y pasar cualquier minuto de reflexión. Intenta mirar los músculos de las piernas y los dedos de los pies a medida que se mueven y transportan tu cuerpo. Puedes intentar hacer de la meditación caminando tu rutina diaria.

3. Disfruta estar en silencio

La mejor condición para lograr la atención plena es la tranquilidad. Enséñate a asumirlo y explorarlo. Tu vida siempre es tranquila, pero aún obtienes algunas distracciones que llenan ese vacío como la música, el timbre de un teléfono, los sonidos del tráfico y los aviones volando cerca. Tienes que guardar silencio e intentar respirar durante ese tiempo. Intenta comprender los sentimientos de ansiedad que a menudo surgen y hacen que renuncies a tus distracciones.

Cómo a afirmarte

1. Elimina a los individuos egoístas y cínicos de tu vida

El primero es permanecer alejado de las personas con negatividad y de aquellos que traerán estrés y tristeza a tu vida. Se te aconseja no separarlos de tu vida por completo. Esto es comprensible porque puede ser imposible. Debes evitar que sean tus prioridades y llegar a ellas cuando sea correcto. Te resultará muy difícil confiar en las personas que te trataron mal y que nunca te apreciaron. Cuando elijas a tus amigos, actualiza tus estándares.

2. Tener objetivos y alcanzarlos

Debes lograr algunos avances antes de llegar a puntos específicos para mejorar la calidad de tu vida. Tus objetivos no importan si son grandes o pequeños siempre que los logres. Hay un nivel en el que te darás cuenta de que tus esfuerzos están dando resultado y te acercan a tus deseos. Siempre trata de mejorar las diferentes categorías en tu vida, trayendo así más mejoras.

3. Expándete

Uno de los obstáculos más importantes que uno enfrenta para tener confianza es estar desempleado. Cuando estás desempleado, tendrás problemas financieros y muchos problemas que manejar. En lugar de sentir lástima por ti mismo por el hecho de estar desempleado, trata de tomarte tu tiempo para mejorarte y obtener información y ayudas. Simplemente evalúate a ti mismo e intenta obtener lo que te interesa y pasar un buen rato con las personas que amas. Asegúrate de poder crear relaciones que puedan ser realmente buenas para darte oportunidades.

4. Ten tiempo para ayudar a otros

Cuando haces cosas positivas a los demás, te traerá consecuencias positivas. Tendrás que darte cuenta de que hacer feliz a alguien ayudará a mejorar la vida de alguien e inspirar a otros. Cuando te afirmas, no se trata solo de ti, sino de tratar de ser amable y servicial con los demás. Estas ideas serán útiles para mejorar tú mismo.

Capítulo 6: Modo de supervivencia

Entonces, te has encontrado víctima de un narcisista severo; ya sea doméstica, parental o laboral, alejarte es una opción viable. Es posible que otras personas no entiendan por qué lo hiciste, pero sin la profunda comprensión de tu compañero, ¿cómo podrían hacerlo?

Puede ser problemático tratar de entender por qué su pareja hizo las cosas que hizo y cómo las hizo. ¿No les importa la relación? ¿No se preocupan por ti? Estos son pensamientos comunes que pueden cruzarse por tu mente como un disco rayado. Cuando descubras que estás consumido por estos pensamientos negativos y tristes, recuérdate a ti mismo que es posible olvidar y seguir viviendo, más fuerte e inteligente.

¿Es TEPT?

Las víctimas de abuso narcisista exhiben síntomas psicológicos del trastorno de estrés postraumático (TEPT). A diferencia del TEPT que puede ser causado por un solo evento traumático, el trauma narcisista está bajo un término clínico separado para TEPT complejo por trauma severo, repetitivo o prolongado, o TEPT-C. Los sobrevivientes parecen estar desconectados y desconocen su angustia emocional y sus pensamientos agobiados por el dolor. Cuando la víctima de abuso puede recibir la validación de la realidad de su experiencia, la disonancia cognitiva disminuye y se disuelve.

El trastorno de estrés postraumático complejo generalmente implica tortura emocional o física; por ejemplo, trauma infantil, violencia doméstica o incluso abuso sexual. Debido a que el abusador forma un vínculo bioquímico con su víctima, se vuelve extremadamente difícil separarse de ellos. Sin embargo, eso no significa que el sufrimiento no sea real o grave. Desafortunadamente, ha habido casos en los que una víctima de abuso emocional encubierto es conducida a suicidarse. La sociedad no está segura de cómo tratar con las parejas narcisistas y los sobrevivientes.

El abusador lucha por demostrar lo absurdo de los reclamos de la víctima. Este tipo de guerra psicológica adquiere un efecto duradero en el cerebro del sobreviviente debido a un trauma psicológico crónico. A menudo hay muchas rupturas y reconciliaciones en el curso de la relación porque el narcisista no busca ayuda, y tampoco el sobreviviente. El sobreviviente puede no informar el abuso por temor a lo desconocido. Se arriesgan a ser creídos y entendidos por la sociedad. Además, los sobrevivientes luchan para proteger su autoestima y proteger a sus abusadores.

¿Cómo puedes saber si tienes TEPT-C?

A menudo, las víctimas de abuso narcisista experimentan inutilidad y buscan corregir sus defectos característicos señalados por el abusador. Las personas que sufren este tipo de abuso a menudo están obsesionadas con sus defectos y fallas en la relación; no como lo han experimentado sino como el abusador los ha proyectado. Sus pensamientos los golpean regularmente y se condenan a sí mismos. Pueden decir: "Es realmente mi culpa", "No puedo culparlo por gritarme", "Yo soy la razón por la que está teniendo una aventura". Es común que se castiguen por las acciones de sus abusadores.

Los sobrevivientes de abuso narcisista sufren síntomas que incluyen:

Pensamientos deprimentes invasivos

Los pensamientos invasivos pueden manifestarse en términos de recuerdos de eventos traumáticos, pesadillas y sueños perturbadores que contienen aspectos de los episodios traumáticos. Otras veces pueden ocurrir como retrocesos que pueden conducir a la pérdida de conciencia y a un aumento de los efectos fisiológicos, como la frecuencia cardíaca rápida después de la exposición a los desencadenantes.

Estrés

La exposición al trauma puede llevar a la víctima a causar lesiones graves a sí mismas u otras personas, suicidarse o proyectar violencia sexual a otras personas. Otros testigos directos de estas circunstancias también pueden sucumbir a factores de estrés.

Evasión

Las personas que han pasado por series problemáticas de eventos son propensas a evitar recordatorios del trauma. Tienden a mantenerse alejados de recordatorios externos como personas, lugares, actividades e incluso conversaciones. También bloquean los pensamientos que pueden recordarles el trauma que sufrieron.

Exclusión

Los sobrevivientes tienden a separarse y aislarse de amigos cercanos y familiares y actividades sociales. Se espera la disociación de una víctima de trauma ya que es la forma en que la mente se recupera.

Cambios en la excitación y la reactividad

Los desencadenantes del trauma pueden empeorar después de que la víctima se haya separado del abusador y de las situaciones abusivas. Por ejemplo, el sobreviviente puede volverse más irritable o agresivo, fácil de alarmar e hiperactivo. También pueden exhibir problemas para concentrarse y dormir, así como mostrar un comportamiento autodestructivo.

Dificultad para controlar las emociones

Puede experimentar dificultades para controlar sus pensamientos y sentimientos negativos, como depresión, enojo e irritabilidad.

Percepción alterada de uno mismo y del mundo

Toda la existencia de la víctima está conformada por el abusador. Reescriben sus creencias anteriores sobre sí mismos y el mundo a las opiniones de su abusador. Su autoestima se perfora en ellos, por lo que su autoimagen se distorsiona. Experimentan sentimientos de impotencia, culpa y vergüenza. Ven el mundo y a ellos mismos negativamente.

Obsesión con el abusador

Los sobrevivientes pueden desarrollar una obsesión poco saludable con sus abusadores. Se vuelven codependientes, como la droga del otro. Dejas de lado tu salud emocional, psicológica y física para apaciguar a tu abusador. La obsesión puede llegar hasta la víctima tramando venganza contra el abusador. Se consumen con su abusador y dejan que los sentimientos que provocan se fomenten.

Dificultad con las relaciones personales

Puedes experimentar problemas para forjar amistades o relaciones fuera del abusador. Por ejemplo, tus relaciones actuales pueden desintegrarse debido a tu exclusión, y puede resultarte difícil interactuar con otras personas debido a tu nueva percepción de ti mismo y del mundo que te rodea.

Los estudios han demostrado que los sobrevivientes de este tipo de trauma sufren lo que se llama muerte mental porque han sido víctimas tanto tiempo que pierden su identidad previa al trauma.

Cualquiera puede desarrollar un trastorno de estrés postraumático a cualquier edad. Los factores de riesgo que aumentan el riesgo de TEPT incluyen:

- Días de fiesta y aniversarios.
- Hacerte daño o ver a otra persona lastimada
- Sentir impotencia u horror.
- Estrés
- Poco o ningún apoyo social
- Trauma infantil, y
- Historial de enfermedad mental o abuso de sustancias.

Además de estos síntomas, puede ser común sentir que no estás listo para perdonar. No te apresures a la recuperación. Deberás volver a aprender la mayoría de las emociones y las señales emocionales, como:

- Esperanza
- Confianza
- Límites
- Recuperar tu vida
- Gratitud y felicidad
- Reconstruir amistades y
- Amor propio

Obteniendo ayuda

Si tienes TEPT debido a una relación complicada, es necesario buscar la validación de tus experiencias para sanar. Llevar un diario es una excelente manera de realizar un seguimiento de tus emociones, así como de cualquier otro cambio físico y psicológico en tu cuerpo.

El deterioro de los síntomas del TEPT-C puede conducir a una disminución en tu calidad de vida. Si experimentas estos síntomas durante más de cuatro semanas, debes buscar ayuda profesional. Si no te tratas, los pacientes encuentran hábitos de enfrentamiento destructivos y poco saludables como el abuso de sustancias. No es necesariamente cierto que el tiempo cura todas las heridas. Buscar ayuda profesional asegura que te realices una evaluación física y psicológica adecuada para eliminar cualquier síntoma causado por afecciones preexistentes. Una evaluación adecuada también tiene como objetivo definir tus síntomas para un diagnóstico correcto.

La recuperación del abuso necesita la integración de las partes cognitivas, psicológicas y emocionales del cerebro. Tres condiciones necesarias son; mantener un espacio seguro que implique una zona libre de traumas, el recuerdo de las circunstancias y el duelo por el pasado y, por último, la reconexión con tu nueva vida.

Algunos factores de resiliencia que pueden minimizar el riesgo de sufrir TEPT incluyen:

Encontrar un grupo de apoyo

Encontrar apoyo funciona como un plan de seguridad para ayudarte a lidiar con situaciones estresantes. Es una excelente estrategia planificar con anticipación en caso de que te enfrentes a una circunstancia psicológicamente agotadora. Haz una lista de contactos de emergencia a quienes puede marcar si sientes la necesidad.

Identificar disparadores de advertencia temprana

Las señales de advertencia a menudo preceden a los síntomas. Anticiparse a los signos de advertencia y los desencadenantes, como los pensamientos negativos, el cambio de humor y de comportamiento, puede ayudarte a aprender cómo manejarlos mejor para evitar una recaída del TEPT mientras te recuperas. Por ejemplo, puedes desencadenarte al escuchar a alguien frustrado gritarle a una persona, a una mascota o incluso a una máquina. Otros factores desencadenantes externos, como escuchar una canción que marca una etapa traumática en su vida. La preparación mental para lidiar con desencadenantes imprevistos elimina el pánico y te ayuda a sobrellevarlo más fácilmente.

Identificar métodos de afrontamiento

Una vez que hayas identificado las señales de advertencia internas y externas, es hora de crear tu método de afrontamiento preferido para ese desencadenante en particular. Por ejemplo, puedes escribir varias tarjetas de afrontamiento paso a paso que puedes llevar contigo en caso de cualquier cosa. Digamos que escuchas esa canción que te recuerda los tiempos oscuros, recupera con calma tus cartas y ve qué estrategia de afrontamiento funciona mejor para relajarte. También hay una variedad de aplicaciones de software que pueden ayudar a atender el manejo del estrés y la ansiedad.

La recuperación se realiza mejor con la combinación correcta de apoyo clínico, familiar y de amigos. Ayudar a un sobreviviente de TEPT va más allá del tratamiento del TEPT para ayudarlo a recuperar el poder, el autocontrol y la identidad propia. El TEPT-C aún no es bien reconocido por los médicos, ya que necesita ser diagnosticado y tratado de manera diferente a otros trastornos mentales y TEPT. Su tratamiento se centra principalmente en la terapia; terapias conductuales estándar y terapias de exposición. La medicación también se prescribe para casos extremos.

Psicoterapia

En los confines de un espacio seguro, un siquiatra o terapeuta te alentará a hablar sobre el trauma que experimentaste. Esta forma de terapia se realiza individualmente o como tratamiento grupal. Para lograr un tratamiento completo, el terapeuta puede combinar diferentes tipos de enfoques según tus necesidades individuales, ya sea enfocándose en los síntomas o concentrándose en tu vida social; familia, trabajo y relaciones.

La psicoterapia toma alrededor de 7 a 14 semanas, donde el paciente gradualmente aprende a confiar en el terapeuta; y el terapeuta, a su vez, ayuda al paciente a identificar sus síntomas y desencadenantes, así como a desarrollar mecanismos de afrontamiento saludables. La psicoterapia ayuda al paciente a aprender

- Sobre el trauma y sus efectos
- Cómo relajarse en situaciones de alto estrés.
- Consejos y trucos para un estilo de vida saludable y patrones de sueño
- Cómo lidiar con las emociones de vergüenza, culpa e impotencia, entre otros.

Terapia de conducta cognitiva

Este es un ejemplo de tratamientos terapéuticos que ayudan a los pacientes a mantenerse conscientes de sus estados de ánimo y sensaciones corporales, y de cómo tratarlos a medida que surgen. Este tipo de terapia también educa a los miembros de la familia del paciente sobre cómo reconocer y tratar con un sobreviviente de TEPT-C.

La terapia de exposición es una forma de Terapia Cognitiva Conductual (TCC) que consiste en exponerle gradualmente a traumas ya experimentados, pero en un ambiente "controlado" seguro. El paciente puede volver a visitar estos traumas visualizando, escribiendo o visitando los lugares donde ocurrió el trauma. Esta estrategia ayuda a los sobrevivientes a enfrentar sus miedos y superarlos.

La terapia de reestructuración cognitiva combina bien con la terapia de exposición. A menudo, las víctimas de trauma vinculan personas, lugares, cosas y eventos con pensamientos negativos. La reestructuración cognitiva les ayuda a reescribir estos pensamientos de manera saludable al reemplazar los pensamientos negativos sobre estos lugares por uno más objetivo. Con la ayuda del terapeuta, los pacientes pueden echar un vistazo racional a las situaciones y liberarse de las emociones acumuladas al respecto.

La terapia de desensibilización y reprocesamiento del movimiento ocular (EMDR) involucra algunos factores de psicoterapia que se utilizan para aliviar los desencadenantes traumáticos en pequeñas dosis a medida que el terapeuta dirige el movimiento ocular con estimulación rítmica derecha-izquierda. Al desviar tu atención mientras recuerdas eventos traumáticos, es probable que tengas reacciones psicológicas reducidas a estos recuerdos. Con el tiempo, los recuerdos perturbadores tendrán poco o ningún impacto en ti. Múltiples estudios han demostrado que EMDR es útil en el tratamiento del TEPT y otras afecciones mentales como la depresión, el estrés, la ansiedad, los trastornos alimentarios y las adicciones.

Medicamentos

Aunque no hay medicamentos aprobados para el TEPT-C, algunos medicamentos se recetan junto con psicoterapia para aliviar los síntomas, pero no tratan el trastorno. Los antidepresivos son un tratamiento convencional para los síntomas de TEPT. Los pacientes deben ser honestos en el diagnóstico subjetivo para que el médico llegue a la mejor combinación de medicamentos para ellos. Una combinación de antipsicóticos, antidepresivos y medicamentos contra la ansiedad ayuda al paciente a controlar los síntomas del TEPT-C o los trastornos recurrentes que pueden surgir a causa de él o junto a él.

Junto con el tratamiento, también es beneficioso ayudarte a ti mismo. Es comprensiblemente difícil dar ese primer paso hacia la recuperación, pero es el paso más vital. Cuídate y espera que tus síntomas mejoren con el tiempo. La actividad física es una excelente manera de moverse. Los ejercicios liberan hormonas de la felicidad que te ayudan a relajarte. También podrías sumergirte en situaciones sociales reconfortantes, puedes sentirte incómodo al principio, pero gradualmente mejoran y se vuelven más cómodos. Trata de confiar en un familiar cercano o amigo.

Ejercicios de gratitud

"La gratitud impulsa la felicidad. La felicidad aumenta la productividad. La productividad revela la maestría. Y la maestría motiva al mundo". - Robin Sharma

El ejercicio de la gratitud es una poderosa emoción humana. La gratitud ocurre en muchas formas; podrías estar agradeciendo al Todopoderoso, a la Madre Naturaleza, a ti mismo, a quien sea. El agradecimiento es fácil para los sobrevivientes de un trauma, y ejercerlo incluso por un período corto puede causar una mejora notable en su salud y vida.

El trauma causa afecciones psicopatológicas y quita tu felicidad. La relación entre gratitud y alegría es multifacética. Si bien se encuentra que la felicidad es un factor genético, las personas tienden a retroceder a un nivel particular de felicidad, a través de ejercicios de gratitud, se puede mejorar. Por ejemplo, puedes enviar una nota de agradecimiento a tu amigo cercano o familiar por su constante apoyo. Encontrarás que este acto de amabilidad mejorará considerablemente tu estado de ánimo.

Los ejercicios de gratitud no solo aumentan tu nivel de felicidad sino que también mejoran la salud. Los estudios han demostrado una conexión notable entre la gratitud y la buena salud psicológica y física. Una investigación de "psicología positiva" muestra que cultivar pensamientos, hábitos y creencias positivos puede afectar igualmente los síntomas posteriores al trauma como el estrés.

Además de la felicidad, la gratitud restaura tu nivel anterior de funcionamiento. Por ejemplo, si tu trabajo ha estado sufriendo debido al TEPT-C, podrías volver a ser una persona productiva, tal vez manteniendo un diario de gratitud. Los empleados agradecidos son más productivos, eficientes y más responsables. Los empleados que expresan gratitud crean una sensación de camaradería en la productividad de la empresa.

Si bien la ansiedad es un mecanismo útil que el cuerpo utiliza para alertarte sobre el peligro al acecho y el despliegue de las respuestas de lucha o huida, se vuelve dañino cuando se desenfrena. Mediante un esfuerzo consciente por ejercer gratitud, vuelves a entrenar el cerebro para seleccionar solo las imágenes positivas y, por lo tanto, los resultados reducen la ansiedad. Un estudio realizado con un gran grupo de hombres mostró que una visión agradecida de la vida nos permite ganar aceptación sin temor al futuro. Los ejercicios de gratitud son especialmente útiles en el tratamiento de las fobias.

Como sobreviviente de un trauma, haz un esfuerzo consciente para dedicar un tiempo todos los días para expresar gratitud. Tal vez estés agradecido de vez en cuando, pero establecer recordatorios diarios contribuye en gran medida a cultivar pensamientos y hábitos positivos. Ser agradecido todos los días te ayuda a sobrellevar mejor los recuerdos traumáticos.

Aquí hay pequeños ejercicios para ayudarte a cultivar la alegría y la felicidad:

Apreciarte a ti mismo

Felicitaciones para mí	Personas por las que estoy agradecido
Activos circulantes	Retos actuales

La autoestima mejora el estado de ánimo. Mírate en el espejo y sumérgete en elogios por tus esfuerzos actuales, logros pasados, destrezas o habilidades y virtudes. También puedes incluir tu físico: está agradecido por tu nariz cincelada, tu cuello largo, etc. Usa palabras positivas como valiente, fuerte, hermoso y similares. Ten en cuenta que tu estado de ánimo mejora con cada adjetivo.

Lleva un diario de gratitud

Los psicoterapeutas recomiendan altamente la escritura expresiva. Haz tu diario de gratitud personal. Es posible que prefieras escribir entradas largas en el diario o simplemente una lista corta. Un registro diario es una prueba de que la gratitud intencional y dedicada mejora la calidad de vida. Tu entrada de diario puede tomar el siguiente formato.

Fig. 6.1 Muestra de diario

Un consejo para escribir en un diario con éxito es concentrarse en poner sus pensamientos en papel en lugar de escribir "bien". Tómate un tiempo para pensar en las cosas por las que estás agradecido. Sé lo más descriptivo posible.

Programa una visita de agradecimiento

Si tienes a alguien con quien sientes que se estás agradecido, visítalo. Este ejercicio te ayudará a expresar tu gratitud a propósito. Hazle saber a la persona que son importantes para ti en este viaje.

Hacer un frasco de agradecimiento

En este ejercicio, debes colocar el frasco estratégicamente para que se te recuerde estar agradecido durante todo el día, sino dos veces al día. Puedes elegir colocarlo al lado de la cama o cerca de tu cepillo de dientes en el baño. También puedes elegir decorar el frasco con características atractivas que te recuerden estar agradecido.

Reír en voz alta

Si te encuentras estresado o tienes pensamientos negativos, estalla en carcajadas por un minuto completo. La risa libera hormonas de la felicidad que te relajan. Esta es una excelente manera de distraerte de pensamientos y emociones repentinos no deseados. Si te sientes feliz en medio de un momento plagado de conflictos, no dudes en disfrutar de la felicidad. Celebra los logros menores para motivarte hacia los objetivos más grandes.

Haz un objetivo diario

Decide diariamente estar agradecido por alguien o algo. Si te despertaste y fuiste a correr durante veinte minutos, elige estar agradecido por esa placer. Ser deliberado acerca de la gratitud nos obliga a ser más receptivos a todas las cosas de la vida que, en nuestra ignorancia, no agradecemos. Anotar tus objetivos de gratitud a diario, te ayuda a evaluar tu mejoría para la semana y tal vez transmitir esa emoción durante la mayor parte de la próxima semana.

Encuentra un amigo de gratitud

Encuentra un compañero que te ayude a discutir lo que agradeces diariamente. Puede ser un amigo, un familiar o incluso un grupo de apoyo. Pueden abrirse el uno al otro para expresar plenamente su agradecimiento.

Reduce tus quejas

Es necesario presentar quejas porque es una retroalimentación valiosa; sin embargo, ten en cuenta por qué y con qué frecuencia te quejas. Hacer un cumplido por cada queja es una forma brillante de mantener la balanza equilibrada. Como cualquier otro ejercicio, anota cada queja y cumplido que hagas, y por la noche, evalúa tu día. Este ejercicio te ayudará a mantenerte en sintonía con tu salud mental.

Acto de bondad

Si has tenido a alguien, además de sus amigos y familiares, que te cae bien, tal vez tu profesor o tu médico, o el departamento de bomberos local, escríbele una nota de agradecimiento expresando su valor en la comunidad. Es posible que estas personas no reciban necesariamente gratitud por sus servicios, y esta es tu oportunidad de hacerles un cariño. Escribir esta nota de agradecimiento no solo hace que el destinatario se sienta bien, sino que también le recuerda al remitente lo increíblemente afortunado que eres de tenerlos.

Indicaciones de gratitud

El objetivo de este ejercicio es nombrar tres cosas por las cuales estás agradecido. Por ejemplo; Estoy agradecido por tres colores. Estoy agradecido por tres texturas; Estoy agradecido por los tres sonidos que escucho, y así sucesivamente. Puedes comenzar, detener y continuar este ejercicio en cualquier momento. Realmente abre tus sentidos y emociones para obtener lo mejor de esta prueba.

Hacer un collage

Un collage de gratitud te ayuda a visualizar las cosas por las que estás agradecido. Tal vez tomes fotos de las cosas por las que estás agradecido, y al final de la semana, echa un vistazo a tu collage prestando especial atención a cómo te sientes al respecto. Cuanto más practiques este ejercicio, más notarás las cosas por las que estás agradecido.

Una amplia investigación realizada con un grupo que sufría de depresión mostró que aquellos que practicaban ejercicios de gratitud mejoraron más rápido. Se dice que la gratitud crea resistencia emocional. La meditación nos ayuda a enfocar nuestras mentes hacia las personas y las cosas a las que estamos verdaderamente agradecidos. Muchos monjes budistas comienzan sus días y reuniones con una meditación de gratitud. Estos ejercicios de meditación son rápidos de aprender y están disponibles en línea.

Sin embargo, es digno de mención decir que la gratitud no es un sanador instantáneo. No desaparecerá para siempre tu angustia mental y tu lucha emocional. Por lo tanto, no esperes un milagro. Estos ejercicios funcionan para recordarnos que debemos aceptar la realidad y resaltar los aspectos positivos de dicha realidad. Los ejercicios de gratitud son una forma de expresar pensamientos positivos hacia nosotros mismos y el mundo que nos rodea.

La gratitud puede cambiar tu personalidad. Recuperarte del trauma puede ser una experiencia desalentadora porque la mente se reconstruye a partir de la demolición que ha sufrido continuamente. Durante esta reconstrucción, te redescubres a ti mismo bajo una nueva luz. Es posible que ya no regreses a tu vida anterior, sino que renazcas en una diferente donde estés más consciente de los muchos pequeños milagros de la vida y estés agradecido por ellos. Puedes ser menos materialista cuando inicialmente habías sido muy vanidoso. Podrías volverte más espiritual, mientras que inicialmente, la noción de una presencia eterna parecía descabellada.

La práctica diaria de ejercicios de gratitud te ayuda a mantener alta tu vibración. Es la técnica más obvia pero ignorada para obtener lo que deseas. No hay límite para lo agradecido que puedes estar en un día. Por ejemplo, si tu objetivo es ser feliz, en lugar de pensar en lo agotadora que es tu vida en este momento, o qué tan deprimido has estado últimamente, concéntrate en apreciar las experiencias que has tenido y las oportunidades diarias renovadas en la vida. Aprovecha el poder de la gratitud para realizar tus deseos.

Capítulo 7: Modo floreciente

El abuso narcisista es un abuso emocional o psicológico dirigido por un narcisista a otra persona. Principalmente, se centra en el abuso psicológico y emocional, pero hay otras formas de abuso narcisista, como el sexual, físico y financiero. Se desconoce la causa de este trastorno, pero podría desencadenarse por factores ambientales, genéticos y neurobiológicos.

Para que uno se recupere del abuso narcisista, comprender qué forma exhibe el abuso narcisista y sus efectos es fundamental. El abuso narcisista viene en forma de obsesión con sus errores, ignorando las acciones del narcisista, sintiéndose inútil, devaluando sus contribuciones, desconectándose de sus propias necesidades y deseos, idealizando al narcisista y obsesionándose por hacer feliz al narcisista entre muchos otros.

Incluso una vez que se da cuenta de los efectos, no es fácil superar esta situación, ya que la mayoría de las personas no saben qué hacer. Pero es importante que uno salga a redescubrir un sentido de sí mismo y tome el control de su vida. A continuación hay una compilación de formas que uno puede usar para superar los efectos del abuso narcisista y recuperar su vida:

Establecer límites

Hay un dicho común, ojos que no ven, corazón que no siente. Cuando veas a alguien que te recuerde algo, será difícil seguir adelante o interrumpir el proceso de curación. Por lo tanto, es la mejor manera de superar el abuso narcisista si puedes escapar físicamente. Cualquier recuerdo del pasado con el narcisista desencadenará el dolor y ralentizará el proceso de recuperación. Incluso puedes considerar bloquearlos en tu teléfono, correo electrónico y cualquier otra forma de interacción como las redes sociales. Además, no acechar sus perfiles.

Digamos que no es posible salir físicamente de tu entorno, posiblemente debido a tu trabajo u otras razones genuinas, todavía existe una técnica que puedes emplear que no implica que no veas o estés cerca del narcisista. Esta técnica se llama "roca gris". Cómo funciona esto es que mientras interactúas con él / ella, permaneces desconectado mental y emocionalmente, y al hacer esto, no les das nada de qué alimentarse. Aunque es posible que te duela por dentro, no dejes que se vea. Una vez que estés en un lugar donde estés solo, puedes hacer lo que sea que te brinde alivio. Gritos, llanto y maldiciones vienen a mi mente, muy buena idea, ¿verdad?

Una forma diferente de establecer un límite es practicando cómo usar una palabra NO. Deseas estar de acuerdo con todo lo que se dice. Otras personas deben notar tu posición cuando se trata de algunos asuntos. Esto ayudará enormemente, no solo al hacer que otros te respeten, sino que también to ayudará a construir una verdadera confianza y autoestima. El límite debería funcionar como una pared celular. Una pared celular mantiene los nutrientes importantes y excreta las sustancias tóxicas. Sé muy selectivo con respecto a quién dejas entrar.

Debe quedar claro que la conclusión de establecer estos límites es una forma de cuidarse. Los límites hacen que los demás sepan qué esperar de nosotros y definitivamente qué esperar de ellos sobre cómo nos tratan. Cuando comunicamos nuestros límites con claridad cristalina, es muy natural que las personas los respeten. Sin embargo, algunos harán todo lo posible para resistir nuestros esfuerzos. Pueden ignorar, culpar e intentar manipularnos o incluso lastimarnos físicamente. Si se produce este tipo de retroceso, es posible que desees volver a evaluar los límites que no se respetan y considerar otras opciones y tomar medidas.

Ser asertivo

Para superar el abuso del narcisista, es posible que no desees ser agresivo o pasivo. Una forma de ser asertivo es aprender a usar reacciones temporales para manejar los abusos verbales. Por ejemplo, "lo haré a mi manera". Ser pasivo, como ignorar el conflicto y la ira, empodera al narcisista. Los narcisistas ven esto como una debilidad y una oportunidad de ganar más control y poder sobre ti.

Un narcisista apenas toma en cuenta sus acciones malvadas e ilegales. Niegan el error y te culpan por ello, sin remordimiento alguno, y tienen una satisfacción extrema al causar dolor y sufrimiento a los demás. Su objetivo es destruir y causar sufrimiento y dolor. La intención es ganar más control sobre ti y continuar aumentando la dominación mientras desarrollas dependencia, vergüenza y duda en ti. Cuando entiendes esto, te da más poder para superar el abuso.

Un narcisista es un acosador y te hará sentir responsable de sus comportamientos. No te culpes por nada; No tienes nada que ver con los abusos. Por lo tanto, nunca sientas culpa porque sus expectativas nunca se pueden cumplir, no importa cuánto lo intentes. Deriva los abusos de sus inseguridades, y tú solo eres responsable de cómo respondes. Por ejemplo, es posible que no desees responder tratando de racionalizar, negar o disculpar sus abusos. Es mentira creer que mejorará o detendrá los comportamientos en el futuro.

Todos los comportamientos de un narcisista requieren que tú reacciones asertivamente para ponerlo en su esquina. Por ejemplo, aprende más sobre el narcisismo y comparte la información con él. Explícale su conducta, razones y tal vez sus motivaciones para diferentes comportamientos. Tienes que planificar bien esto sobre cómo y cuándo hacer esto y comunicarte sin ser emocional. Otra forma es enfrentar el abuso con pura confianza porque tu autoestima se destruirá si permites el abuso. Mantente firme y mantén la calma mientras hablas por ti mismo mientras controlas las emociones.

Conoce tus derechos

Conocer tus derechos es muy importante. Cuando conoces tus derechos, te siente con derecho a algo y las personas deben respetarlo. Exiges el respeto de las personas y les haces saber que esperas que te traten de cierta manera. Estos derechos pueden incluir: El derecho a ser respetado, no estar obligado a tener relaciones sexuales cuando te niegues, el derecho a la privacidad, el derecho a opiniones y sentimientos. Cuando uno está expuesto al abuso durante mucho tiempo, tu autoestima disminuirá lentamente y la confianza en ti mismo también corre el riesgo de ser destruida. Para una persona que ha sufrido un abuso a largo plazo y ha sufrido una baja autoestima y una baja confianza en sí mismo, a continuación se detallan las formas en que uno puede restablecerse para ganar confianza en sí mismo:

• Haz una lista de tus fortalezas y otra lista de tus logros. Puedes conseguir que tu amigo o familiar cercano y comprensivo te ayude a crear estas dos listas. Después de eso, guarda estas listas en un lugar seguro donde puedas leerlas todas las mañanas mientras te despiertas para un nuevo día.

• Presta mucha atención a la higiene de tu cuerpo: toma una ducha, córtate las uñas y córtate el cabello o hazte un peinado, etc.

• Usa ropa elegante que te haga sentir bien contigo mismo. Traje planchado, por ejemplo, en lugar de arrugado.

• Haz ejercicio de forma regular. Inscríbete en el gimnasio para que puedas asistir a las sesiones en tu tiempo libre o simplemente ir a caminar por la mañana o por la noche.

- Asegúrate de dormir lo suficiente de forma natural. Es mejor acostarse temprano y levantarse temprano por la mañana en lugar de dormir tarde y levantarse tarde por la mañana.

- Haz que tu entorno sea propicio. Por ejemplo, haz que el espacio de vida sea cómodo, limpio y atractivo.

- Haz cosas que ames y disfrutes hacer. Puedes ver películas, escuchar tu lista de reproducción de música favorita, andar en bicicleta o nadar. Cualquier cosa que eleve tu espíritu y te haga sentir bien y feliz.

- Piensa positivo sobre ti mismo. A pesar de todos los desafíos y problemas por los que podrías estar pasando ahora, recuerda que eres alguien especial y valioso.

- Comer comida sana. Asegúrate de tener una dieta equilibrada en tus comidas y haz que los momentos sean especiales. Apaga la televisión, pon tu mesa y disfruta de tu buena comida.

- Evita personas o lugares que te traten mal.

Ser estratégico

Necesitas tener una estrategia sobre cómo vas a enfrentar estos abusos. Averigua qué quieres específicamente, tus límites y el poder que tienes en la relación. Debes tener en cuenta que una persona narcisista siempre está a la defensiva. Hay varias estrategias que puedes emplear para este propósito. Echemos un vistazo a algunas de las estrategias:

Verificar el abuso

Excepto cuando la persona es emocional o físicamente abusiva, esto debería ayudar. Si estás siendo abusado, lo primero que debes hacer es explorar por qué le resulta difícil salir de la relación. No importa la causa, pero la realidad es que el abusador es totalmente responsable de sus acciones.

Comprueba tu silencio

Cuando nuestra autoestima ha sido destruida, ocasionalmente recurrimos a guardar silencio durante una discusión. Sin embargo, necesitamos encontrar una voz para que las cosas mejoren. El silencio es una forma de lidiar con la tristeza o la ira.

Comprueba tu ira

La ira es una forma de medida de protección ante una situación indiferente. Sin embargo, debemos comprobarlo, ya que nos aísla de la información.

Verifica si están dispuestos a cambiar

Si tu pareja está lista para trabajar contigo, entonces esa es una gran ventaja en un esfuerzo por mejorar la relación. La forma más fácil de hacerlo es buscar ayuda de un terapeuta.

Ten cuidado con la manipulación

Los narcisistas son personas tan manipuladoras, y hacen lo que sea necesario para obtener lo que quieren.

Honestidad contigo mismo

Probablemente la única razón por la que todavía estás esperando es el cambio. Pero llega un punto en el que debes ser honesto contigo mismo y admitir que has intentado todo lo que puedes sin resultado. ¡Así que sigue adelante!

Ser educativo

El número estimado de individuos con trastornos narcisistas, según las investigaciones, varía ampliamente. Además, la percepción que tienen las personas sobre el trastorno narcisista y las características del narcisista difieren mucho. Debes ser consciente de que existen. Por lo tanto, debes informarte sobre cómo reconocerlos. Es debido a su comportamiento encantador que utilizan para ocultar sus comportamientos narcisistas, que a la mayoría de las personas les resulta difícil de ver o darse cuenta al principio. Esto se debe a que no saben qué buscar, tampoco cómo estos comportamientos narcisistas impactan negativamente en sus vidas.

Hay mucha buena información por ahí. Por lo tanto, solo tienes que leer tanto como sea posible, para informarte sobre este trastorno y descubrir por ti mismo qué ideas se relacionan bien con cómo te sientes.

También hay investigaciones que muestran que los narcisistas tienen déficits neurológicos que afectan las reacciones interpersonales. Quizás la mejor manera de ayudarte aquí es educar al narcisista como un niño. Encuentra una manera de explicar cómo sus comportamientos impactan negativamente en los demás. Proporcionar aliento e incentivos para diferentes comportamientos. Es posible que tengas que planificar cómo vas a comunicar esto sin ser emocional.

Enfrentarse al abuso de manera efectiva

Este es un paso muy importante a tomar. Es una forma de salvar tu autoestima y confianza. Permitir que el abuso continúe por mucho tiempo daña tu autoestima. Esto no debe significar que pelees o discutas con un narcisista. Es una pérdida de tiempo y energía discutir sobre los hechos con el abusador. No les importan los hechos, solo les interesa justificar sus acciones y tener razón. Los argumentos verbales y el intercambio de palabras con ira pueden escalar fácilmente a peleas, que pueden agotarte y dañarte. De esta manera no se gana nada; solo puedes terminar lastimado y sentirte más victimizado y sin esperanza.

Discutir es tan ineficaz como amenazar o rogarle al abusador que te entienda. Por ejemplo, hacer amenazas que nunca puedes implementar puede dar lugar a represalias. No hagas una amenaza que sepas que no puedes hacer cumplir. Es más efectivo y fácil establecer límites que, cuando no se respetan, conducen a consecuencias directas. Además, con suplicar, es un signo de debilidad, que los abusadores desprecian en sí mismos y en los demás. Esto puede hacer que reaccionen despectivamente con disgusto o desprecio.

Enfrentarse al abusador, por lo tanto, debe tener un propósito y solo debe servir para mostrar tu posición. Tiene que ser una forma de hablar por ti mismo, lo que requiere que lo hagas con una mente clara y tranquila. Solo puedes manejar esto estableciendo límites para proteger tus emociones, mente y cuerpo.

Tener consecuencias

Es posible que después de establecer tus límites, se ignoren. Por esta razón, es importante comunicar claramente las consecuencias e invocarlas en consecuencia. Sin embargo, también debes establecer límites saludables que se basen en el respeto mutuo. Es importante reconocer las violaciones tal como son, ya que esto te ayudará a crear límites donde se respeten tus sentimientos y necesidades.

También es importante no establecer límites que no estés dispuesto a mantener. Puede estar seguro de que el narcisista se rebelará contra estos límites y probará hasta dónde puedes llegar. Debes asegurarte de que cada límite roto se siga con la consecuencia especificada. Si no lo haces, estás enviando un mensaje de que no estás interesado en estos límites y, por lo tanto, no se te tomará en serio. Realmente depende de ti mantenerte firme para que esto tenga éxito, ya que el narcisista intentará manipularte, ya que él / ella está amenazado para tratar de tomar el control de tu vida porque él / ella está acostumbrado a ser el que está en poder y tomar las decisiones.

Tener consecuencias es, por lo tanto, sin debate, muy útil y eficaz para tratar de hacer frente a los abusos del narcisista siempre y cuando te mantengas firme en los límites establecidos y las consecuencias específicas. Las consecuencias, por ejemplo, pueden informarle que tome las medidas necesarias, como salir de la relación con el narcisista como resultado de límites establecidos definitivamente rotos. Esto significa que eventualmente te habría ayudado a convencerte de que es la mejor opción a tomar en beneficio de tu salud y seguridad.

Obtén apoyo y propósito en otro lugar

El apoyo es necesario para responder eficazmente al abuso. Sin apoyo, es fácil decaer en la auto-duda y eventualmente sucumbir a la desinformación abusiva del narcisista. El apoyo es esencial, ya que puedes recibir rechazo y violencia cuando te enfrentas a los abusos. Necesitarás herramientas para defenderte y protegerte y ayudar a elevar tu autoestima, lo que aliviará cómo te sientes si eliges quedarte o irte.

Si decides mantenerte en una relación con el narcisista, debes ser honesto contigo mismo, por ejemplo, con respecto a lo que puedes o no puedes cambiar o esperar. Un narcisista no es alguien de quien pueda estar seguro de que las cosas cambiarán, y comenzar a preocuparse por ti o valorarte. Por lo tanto, tendrás que buscar apoyo emocional en otro lugar.

Pasa tiempo con personas que sean honestas contigo y te darán un verdadero reflejo de quién eres realmente. Esto te ayudará a mantener la perspectiva y evitar caer en las manipulaciones y distorsiones del narcisista. Además, te ayudarán a validar cómo te sientes y tus pensamientos. Hacer nuevas amistades también ayudará. Los narcisistas te aislarán de otras personas para controlarte mejor y tener poder sobre ti. En este caso, es posible que desees invertir más tiempo en revivir amistades que hace tiempo no ves o crear nuevas relaciones.

También puedes involucrarte en actividades como el voluntariado en tu vecindario o en el trabajo, esto requiere el uso de tus habilidades y talentos, lo que te permite hacer contribuciones. Esto definitivamente te ayudará a sentirte bien contigo mismo en lugar de buscar a alguien más para que te sientas bien.

Confía en tu intuición

Este es un punto en el que hacemos un análisis post-mortem y comenzamos a asumir la responsabilidad de que una parte de ti sabía lo que sucedería, pero lo ignoraste. Tal vez en algún momento temprano de la relación, tuviste una cierta sensación en el estómago. Quizás las cosas que dijeron o la forma en que actuaron no cuadraron. Pregúntate por qué razón tuviste ese tiempo para ignorar el llamado de tu intuición. Podría ser porque realmente querías que la relación funcionara, o tal vez sus actos de "amor" llenaron ese espacio dentro de tu alma, evita posiblemente dejar atrás las experiencias de la infancia.

Si nunca experimentaste el amor verdadero cuando eras niño, específicamente de tus padres o tutores, es normal buscar la satisfacción del amor ahora como adulto. Sin embargo, es una vulnerabilidad que un narcisista puede notar y la usa para controlar tu vida. Trata tu intuición como un amigo, y cuanto más confíes y escuches, más fuerte e volverás y te darás cuenta de tu valor.

El narcisismo no solo se experimenta en nuestras relaciones amorosas, también los encontramos en el hogar, en los lugares de trabajo, en nuestras escuelas y en nuestras amistades. Por lo tanto, interactuamos con estas situaciones con más frecuencia de lo que piensas, solo que tal vez no las notamos. Es por esta razón que aprendemos las características de los narcisistas para reconocer cuándo nos topamos con ellos y equiparnos con herramientas para superar sus abusos, como los que se resaltaron anteriormente. Recuerda que la persona con conciencia y sensibilidad es la persona sana en la relación, mientras que la persona con un sentimiento de derecho y trata a otra persona con falta de respeto, normalmente no es saludable emocionalmente.

El juego central de los narcisistas es destruir tu confianza y autoestima. Lo hacen al revocar nuestras emociones, lo que expone nuestra vulnerabilidad. Por lo tanto, es útil no mostrar nuestras emociones al interactuar con ellas, ya que utilizan oportunidades como esta para entrar y manipularnos. Desarrollar tu autoconfianza te ayudará a protegerte de estos abusos. Consulta las formas anteriores sobre cómo construir o restablecer tu autoconfianza.

Capítulo 8: Entrar en una nueva relación

Puedes estar bien equipado mental y emocionalmente para reconocer las advertencias manifiestas de que estás comenzando una relación tóxica con un narcisista. Pero desafortunadamente, muchas personas desconocen estas banderas rojas y se sentirán fácilmente atraídas por estas personas tóxicas.

La buena noticia es que una relación narcisista eventualmente terminará. Los narcisistas tienden a cansar a sus víctimas una vez que están explotando su apoyo y recursos, como dinero o atención. Luego dejarán tu vida sin tanta advertencia, de la misma forma la forma en que entraron.

La ruptura te dejará devastado, pero con el tiempo, apreciarás su ausencia en tu vida. Una vez que te recuperes de la ruptura, debes concentrarte en seguir adelante con tu vida. Estas son algunas de las señales que te ayudarán a saber que finalmente has terminado una relación narcisista y que estás listo para salir nuevamente.

Señales que estás listo para una nueva relación

Ya no piensas en ellos

Una vez que dejas de pensar y preocuparte por tu último amor, entonces es una excelente señal de que finalmente los superaste. En las etapas iniciales de la ruptura, estarás preocupado por ellos y, como tal, incluso podrías verte tentado a buscar una reunión. Sin embargo, con el tiempo, obtienes una nueva perspectiva y no encontrarás ninguna razón para prestarles atención.

Además, una vez que los elimines de tu mente, podría significar que puedes encontrarte con ellos cómodamente o escucharlos a través de tus amigos en común sin que esos sentimientos pasados vuelvan a surgir. Ya no te preocupas por ellos.

No tienes odio por ellos

Cualquier ruptura de una relación generalmente viene con muchas emociones en conflicto, más aún si rompes con un narcisista. Es posible que tengas un odio intenso hacia ellos, especialmente cuando recuerdes todas las cosas incorrectas que hicieron para lastimarte. A veces, sin embargo, te encuentras anhelando que vuelvan a entrar en tu vida. Todos estos sentimientos en conflicto pueden ser confusos, y es posible que tengas un dilema de si seguir adelante o volver a ellos. Los expertos en relaciones aconsejan que te tomes un tiempo libre de cualquier relación hasta que hayas tratado de manera concluyente con estas emociones conflictivas. El día que te das cuenta de que ya no odias a tu ex pareja es el día en que eres completamente libre. Entonces puedes seguir con tu vida.

Cuando puedes sincerarte libremente

En la mayoría de los casos, puede resultarte difícil sincerarte sobre tus relaciones abusivas en el pasado. Podría ser porque tienes miedo de la vergüenza y el estigma que pueden venir de tales revelaciones. Sin embargo, es una buena idea sincerarte a alguien en quien confíes sobre tu pasado. Este es un paso esencial en el proceso de curación. Todavía es un consejo capaz de liberarte de tu abusador y seguir adelante, sin mirar atrás. Cuando te encuentras listo para hablar sobre tu relación abusiva pasada, entonces podría ser una gran señal de que finalmente estás listo para seguir adelante.

Además, abrirse podría significar más que solo contarle a un amigo cercano. Cuando se trata de acoso o abuso doméstico, por tu seguridad debes involucrar a las autoridades. Aunque puedes sentir que estás traicionando a tu ex, es bueno que exista un reporte policial por tu seguridad. Cuando te das cuenta de que hablar sobre tu abuso es lo correcto y ya no te sientes mal ni culpable, entonces sabes que finalmente eres libre. Si puedes hacer esto con éxito, significa que estás completamente libre de tu relación pasada, y ahora estás listo para salir de nuevo.

Ya no los acosas

Después de una ruptura, puedes tener la tentación de acechar a tu ex, principalmente a través de las redes sociales. La tentación de descubrir lo que están haciendo puede ser particularmente abrumadora. La curiosidad nunca puede hacerte daño, pero si sientes curiosidad por las actividades diarias de tu ex narcisista, entonces hay una razón para preocuparte.

Un narcisista puede aprovechar tu naturaleza curiosa para pretender estar triste o ansioso y sufriendo sabiendo demasiado bien que está monitoreando sus vidas. Así es como te engancharán y te harán sentir responsable de sus emociones.

Pero si ya no te preocupas por lo que están haciendo o con quién se juntan, entonces es una buena señal de que finalmente los superaste y ahora estás listo para seguir adelante con tu vida.

No te sientes mal acerca de tus experiencias pasadas

Puede que siempre tengas la tentación de juzgarte severamente por no ver a través de las mentiras de tu ex narcisista. Es posible que te arrepientas de ignorar las advertencias evidentes que podrían haberte ayudado rápidamente a saber que estabas en una relación abusiva. Aun así, puedes estar amargado contigo mismo por ser tan tonto y no huir de tu abusador. Todas estas culpas son una señal de que no estás completamente curado y que quizás no estés listo para una nueva relación.

Los narcisistas son hábiles para manipular a otros, y se dirigen principalmente a personas exitosas y seguras para impulsar su imagen. No sirve de nada culparse por sus acciones.

Una vez que ya no te sientas tonto y no dudes de tus habilidades de pensamiento crítico, entonces es hora de que salgas a una cita con alguien más.

No tienes miedo de enamorarte de una persona similar de nuevo

Los primeros días iniciales después de su ruptura pueden hacer que tengas tanto miedo de conocer gente nueva. Puedes terminar siendo demasiado cuidadoso y estar siempre vigilando para no encontrarte con otra persona que te tratará tan mal como tu ex.

Una vez que detenga la innecesaria precaución de buscar un narcisista en cada persona que conozcas, entonces podría ser una gran señal de que ahora estás listo para seguir adelante con tu vida. Esto significa que puedes interactuar libremente con otras personas sin tener ese pensamiento persistente de que pueden poseer las mismas cualidades que las de tu ex.

Cuando vayas a citas con un alguien nuevo, y te das cuenta de que tu mente está libre de cualquier emoción negativa asociada con tu ex narcisista, es una buena señal de que estás finalmente curado y ahora puede establecerte con otra persona.

Cuídate

El abuso de narcisistas puede causar estragos en ti, tanto física como emocionalmente. Pasar por tal experiencia podría significar que estabas tan estresado que no pudiste cuidarte bien. Como resultado, es posible que hayas necesitado perder o aumentar demasiado de peso. También puedes haber ignorado los buenos hábitos beneficiosos que podrían mantenerte en forma y saludable, como los entrenamientos regulares y comer alimentos saludables. Esto hará que tu cuerpo responda a los cambios negativos, y puede tener un brote de acné o incluso enfermedades complicadas como ataques cardíacos y diabetes. Como resultado del estrés, puedes terminar viéndote tan viejo, triste y demacrado o tan delgado o gordo.

Sin embargo, una vez que estés fuera del ambiente tóxico, te encontrarás cuidando nuevamente tu cuerpo. Puedes comenzar a ir al gimnasio nuevamente. También serás más consciente del tipo de alimentos que consumes, y harás un esfuerzo consciente para elegir alimentos saludables en lugar de los no saludables. Tu cuerpo se volverá más fuerte y tu apariencia física mejorará mucho. Esto podría ser una gran señal de que has superado tu relación abusiva y que estás listo para comenzar de nuevo.

Estás listo para correr el riesgo nuevamente

A menudo se dice que el gran amor y los grandes logros implican algunos riesgos significativos. Puedes experimentar algo de nerviosismo ante la idea de volver, especialmente después de una ruptura de una relación abusiva. Esto, sin embargo, es un sentimiento normal. Pero si todavía estás convencido de que tu próxima relación podría no funcionar o terminar convirtiéndose en una copia exacta de la última, entonces probablemente necesites más tiempo para recuperarte por completo.

La verdad es que todas las relaciones conllevan algún elemento de riesgo. El día en que encuentres la fuerza interior y hayas encontrado una base sólida de independencia, entonces es una excelente señal de que estás listo para seguir adelante.

Pero si no estás seguro de hacerlo o no, espera un momento antes de hacer ese movimiento. Siempre que tengas dudas, es aconsejable hablar con alguien de tu confianza. Este podría ser tu amigo más cercano o tu consejero. Pero una vez que hayas despejado todos tus miedos y dudas, entonces es un gran momento para conocer gente nueva.

Quieres genuinamente comenzar una nueva relación

Una señal adicional de que estás listo para una nueva relación después de una relación narcisista es que sabes dentro de ti mismo que realmente quieres comenzar una. Sin embargo, si solo deseas comenzar una nueva relación porque estás bajo mucha presión o te sientes inadecuado y solo, entonces es aconsejable no comenzar una en este momento. La relación puede terminar siendo igual de insatisfactoria y vacía.

Si deseas evitar más daños, elije esperar a esa persona especial que realmente te complementa y te hace sentir feliz y completo una vez más.

Sin embargo, encontrar a esta persona ideal puede requerir mucho tiempo y paciencia de tu parte. Una vez que realmente sientas que deseas comenzar una nueva relación por las razones correctas, es hora de que encuentres a esa persona única con la que realmente te conectas y quieres como pareja.

Redefiniendo lo que es sexy después de una relación narcisista

Es posible que hayas encontrado varias imágenes de lo que la sociedad percibe como personas atractivas en revistas o comerciales de televisión. ¿Pero alguna vez te has detenido a considerar el significado de ser sexy? ¿Podría ser que alguien en algún lugar establezca estándares específicos para el resto de nosotros sobre lo que conlleva la sensualidad y el atractivo?

Después de tener una relación abusiva, es normal que te obsesiones con ser sexy y atractiva una vez más. Sin embargo, debe tener más cuidado con la forma en que lo hace. Esto se debe a que sexy no siempre significa seguro. Algunos hombres/mujeres pueden aprovechar tu vulnerabilidad y baja autoestima bajo la suposición equivocada de que te sentirás agradecido de que cualquier persona se sienta atraído por ti.

Además, debes saber que ser sexy y atractivo va más allá de la apariencia y todo lo que constituye el "aura". Hay una persona increíblemente sexy y atractiva dentro de ti que grita que la dejen salir. Así es como puedes redefinir la sensualidad en tu mundo único y hacer que todo el mundo tenga más que una mirada curiosa hacia ti.

No pienses que no eres atractivo; Hazte atractivo en su lugar

Aprende a desarrollar la actitud correcta sobre tu atractivo. Este es un paso esencial para redefinir tu sensualidad una vez más. Si te consideras atractivo, entonces otros te seguirán y te encontrarán atractivo también. El cambio sucederá en ese momento; tomas una decisión consciente de verte y hacerte hermosa(o).

No dejes que tu relación pasada afecte tu vida actual

Matas tu sensualidad con miedo si llevas el equipaje de tu pasada relación fallida a tu vida actual. El dolor y la angustia que sufriste en el pasado pertenecen al pasado. Debes lidiar con ellos de manera concluyente para que puedas avanzar hacia una nueva vida de felicidad. Debes aprender de dónde has estado y estar decidido a mejorar emocionalmente tu vida actual. Tratar con tu pasado de manera decisiva aumenta tu nivel de confianza y te hace encantador tanto para ti como para tus amigos

Encuentra tu confianza

Nadie es tan atractivo y sexy como una persona demasiado segura de sí misma. Necesitas creer en ti mismo, saber quién eres. Una vez que domines esto, continuarás con tus asuntos diarios, exudando cierto atractivo para quienes te rodean. Posees un aura de misterio y envías el mensaje de que eres una persona emocionante. Si logras construir con éxito tu nivel de confianza, la mayoría de las personas te encontrarán muy atractivo y querrían relacionarse contigo. Esta es una gran manera de hacer amigos.

Vístete bien y date un capricho

Tu elección de ropa puede mejorar significativamente tus características físicas. Tienes que averiguar qué ropa y colores te quedan mejor. Determina qué ropa te hace lucir genial y atractiva.

Cuando te vistes bien, tiendes a ser más seguro y atractivo. Una vez que te hayas vestido, sal a una cita, preferiblemente a un restaurante caro que se adapte a tu clase y estado. Siéntete cómodo cenando solo, y esto enviará vibraciones atractivas a cualquiera que te vea.

Mantener la postura correcta

Una de las cosas más atractivas de una persona es su postura. Tu postura y la forma en que generalmente te presentas envían un mensaje sutil a todo el mundo sobre quién eres realmente. Haz contacto visual intencional con las personas a tu alrededor. Da sonrisas aleatorias y párate alto, los hombros relajados.

Aprende a practicar pararte erguido para comunicar confianza en tu cerebro, lo que desencadenará tus sentimientos para sentir lo mismo.

Aprende las habilidades de un buen romance

El romance no es tan complicado como mucha gente piensa. Podría ser tan simple como mirar a los ojos de tu pareja para descubrir qué sucede dentro de ellos. El romance también puede ser la elección de las palabras que utilizas cuando te comunicas con tu pareja durante el día o la noche, ya sea de boca en boca o mensajes de texto y llamadas. Cuando te tomas tu tiempo para profundizar en tu corazón y seleccionar las palabras correctas para decirle a tu amante, puedes crear un sentimiento natural de romance. Una vez que dominas el arte del romance, terminas siendo el hombre o la mujer más romántica, y muchos encuentran que las personas apasionadas son encantadoras.

Ámate a ti mismo y a tu vida

Necesitas encontrar lo que sucede dentro de ti y tu corazón. Eres una persona valiosa que tiene mucho que ofrecerte a ti mismo y al resto del mundo. Crea un gran interés en tu vida, lo que te motiva a despertarte cada mañana. Desarrolla un sentido de propósito que te impulse a descubrir por qué existes y cómo puedes aportar una diferencia a tu mundo.

Aprende a tomar el control total de su vida para pasar tu tiempo haciendo las cosas que te hacen feliz y que pueden tener un impacto positivo en la vida de los demás. Aprende a escuchar tus sentimientos internos y esfuérzate por satisfacer tus deseos e impulsos. Una vez que aprendes a amarte a ti mismo y a tu vida, logras convertirte en una persona increíblemente atractiva y sexy.

Cómo a convertirte en tu propia Fuente de felicidad

Dicen que eres responsable de tu felicidad. Y no hay nada que pueda ser más cierto que esta afirmación. Tu felicidad está realmente bajo tu control. Debes evitar dejar que tu felicidad sea controlada por fuerzas externas. En cambio, usa los siguientes consejos para crear tu felicidad:

Haz de ti mismo una prioridad

Deberías mostrarte un poco de amor real priorizando lo que te hace feliz. Esto no debería ser aleatorio, pero debería ser una práctica de rutina para hacer regularmente todos los días. Sal y date un capricho sin razón alguna de vez en cuando. Pon tu música favorita y baila sola. Hazte la pedicura y manicura. También debes ir de compras y comprarte ese vestido elegante y caro con el que sueñas. Participa en actividades que te satisfagan y refresquen y recarguen tus batería para hacerte feliz.

Haz las pequeñas cosas que amas más a menudo

No tienes que hacer cosas elegantes para ser feliz. A veces encuentras felicidad en las pequeñas cosas que haces. Podría ser un sorbo de su marca de café favorita o esa deliciosa comida, lo que te da alegría. Podrías estar viendo tu programa o película favorita. O podría ser ese ejercicio de yoga que encuentras tan relajante y terapéutico. Encuentra esas pequeñas cosas que te hacen feliz y hazlas más.

Ponte a prueba haciendo algo nuevo

Necesitas romper tus rutinas monótonas y aburridas y de vez en cuando hacer algo nuevo. Esto no solo te dará felicidad sino que también renovará tus energías. Prueba algo nuevo que nunca antes hayas probado. Podría ser esa caminata a través de la colina o paracaidismo. Ve a actividades que disparen tu adrenalina.

Dormir lo suficiente

Dormir es vital para mejorar tu estado de ánimo, felicidad y autocontrol. El sueño permite que tu cerebro se recargue y elimine los subproductos tóxicos de la función neuronal saludable del cerebro. Dormir lo suficiente asegura que te despiertes sintiéndote lleno de energía, concentrado y sin estrés.

Hacer los entrenamientos

Los ejercicios mejoran tu estado de ánimo y contribuyen enormemente a tu felicidad. Los estudios muestran que las personas que participan en entrenamientos regulares son mucho más felices, productivas y exitosas en el logro de sus objetivos de vida. El ejercicio también ayuda a limitar la impulsividad.

Cómo mantenerte soltera y bendecida

Es posible que tengas dificultades para mantenerte cómodo después de una ruptura. Sin embargo, la felicidad no está necesariamente ligada a tu alma gemela. En realidad, es posible ser soltero y feliz. Necesitas aprender a ser feliz sin depender del estado de tu relación. Los siguientes consejos lo ayudarán a estar solo y feliz.

Aprende a hacer las cosas por tu cuenta

La mayoría de las personas tienen miedo de realizar sus actividades normales por su cuenta. Debes aprender a ir de compras por tu cuenta. Salir al cine o cenar solo. Aprende a disfrutar tu vida solo. Tu felicidad es tu elección personal, y no está vinculada a otra persona.

Desarrollar otras relaciones

Necesitas fomentar otras relaciones significativas con familiares o amigos. No es una condición que te involucres románticamente para ser feliz. La familia y los amigos pueden ser una gran fuente de apoyo y felicidad. Crea más tiempo para ellos porque ofrecen el soporte más excepcional cada vez que enfrentas los desafíos de la vida.

Conocer gente nueva

Necesitas cultivar las habilidades necesarias que te permitan conocer gente nueva sin tener necesariamente una cita romántica. Habla con otras personas pero, lo que es más importante, escucha lo que tienen que decir sobre una amplia gama de temas. Debes salir de tu zona de confort y organizar reuniones intencionalmente con gente nueva.

Consiéntete

Mientras estés soltero, debes mantener una autoimagen positiva. Sal de compras y compra ropa nueva. Hazte la pedicura o manicura, pasa un tiempo en un spa u regálate ese excelente masaje. Asegúrate de hacerte cosas hermosas con más frecuencia. Eres una persona maravillosa que merece lo mejor

Mantener una empresa positiva y solidaria

No pases mucho tiempo solo. Pasa más tiempo con personas que te hagan feliz. Únete a un club si es necesario. Además, asegúrate de estar en la compañía correcta de personas que resuenen con algo de energía positiva. Obtén apoyo de personas en las que puedas confiar y que no juzguen tu soltería.

Conclusión

Gracias por llegar hasta el final *Guía de curación del abuso narcisista*: ¡Sigue la guía esencial de recuperación de narcisistas, sana y deja atrás una relación emocional abusiva! ¡Recupérate del narcisismo o del trastorno narcisista de la personalidad! Esperemos que sea información valiosa y que pueda brindarte y a tus seres queridos todas las herramientas que necesitas para superar cualquier ejemplo de abuso narcisista. Al terminar este libro, podrás poseer el dominio que buscas al tratar con cualquier narcisista que te rodea y cómo sentirte mejor incluso después de sufrir como víctima de un narcisista.

Hemos pasado por las historias de éxito del abuso narcisista y la comprensión del trastorno narcisista de la personalidad. Este libro ha ofrecido técnicas fáciles de usar pero muy poderosas y efectivas para abordar cualquier signo de abuso narcisista. Ahora estás familiarizado con el concepto de pseudo-personalidad. Además, has aprendido sobre las estrategias necesarias para lidiar con la pseudo-personalidad, incluida la forma en que puedes reconocer que tienes una pseudo-personalidad.

Para que este libro funcione para ti, es vital que apliques todos los consejos y técnicas que has leído aquí. Puede que no estés en el orden en que los enumeré en este libro, pero debes usarlos todos para obtener los máximos beneficios. Ahora sabes lo que debes saber y decidir superar cualquier desafío de memoria, independientemente de la causa. Lo siguiente que querrías hacer es hacer una solicitud de lo que deseas. Al comprar este libro, tendrás la oportunidad de comenzar de nuevo una vida llena de actividad, conciencia y memorización de experiencias importantes en la vida.

Finalmente, si encuentras este libro útil de alguna manera, ¡siempre se agradece una crítica honesta!